PAULMICHL: VERKÜRZTE LANDSCHAFT

Gerti Eichelburg

GEORG PAULMICHL

VERKÜRZTE LANDSCHAFT
TEXTE UND BILDER

HAYMON VERLAG

Die Deutsche Bibliothek – CIP-Einheitsaufnahme

Paulmichl, Georg:
Verkürzte Landschaft: Texte und Bilder / Georg Paulmichl -
Innsbruck: Haymon-Verl., 1990
ISBN 3-85218-070-8

6. Auflage 2001

Druck: Athesia-Tyrolia Druck GesmbH, Exlgasse 20, 6020 Innsbruck

Zu diesem Buch

"In der Werkstatt gefällt es mir sehr gut. In der Werkstatt bin ich ein Dichter. Dichter sein ist ein feiner Beruf. In der Werkstatt sind alles Behinderte. Ich bin nicht behindert, ich kann reden." (Georg Paulmichl)

Mit diesen Worten beschreibt Georg Paulmichl das Umfeld, in dem die Texte und Bilder dieses Buches entstanden sind. Es ist die Werkstatt für Behinderte in Prad, einem Dorf im oberen Vinschgau, in Südtirol. Nach dem alltäglichen Sprachgebrauch wird Georg Paulmichl zu den geistig Behinderten gezählt; wie er sich selbst sieht, ist dem einleitenden Zitat zu entnehmen.

Zusammen mit seinem Betreuer Dietmar Raffeiner hat Georg Paulmichl mit dem Schreiben begonnen. Beide arbeite(te)n fast täglich zusammen: Georg Paulmichl sucht sich ein Thema, sein Betreuer sitzt an der Schreibmaschine. Es gibt Tage, wo der Autor Satz an Satz reiht, einmal Geschriebenes umstellt und korrigiert; es geschieht aber auch, daß die Texte mühselig in einem Frage-und-Antwort-Spiel entstehen. Immer aber ist es Georg Paulmichl, der den Anstoß zum Schreiben gibt, und immer werden die Texte so in die Maschine getippt, wie der Autor sie formuliert.

Die Sprache Georg Paulmichls hat das Zurechtstutzen in Schulen gut überstanden; sie hat sich sehr direkt und unverfälscht erhalten. Georg Paulmichls Texte lassen äußerst klare Blicke auf seine "Umwelt" - die auch die unsere ist - zu. Sie sind damit eine Möglichkeit, Wirklichkeit zu erleben und modellhaft durchzuspielen. In diesem Sinne stehen die Texte und Bilder Paulmichls in einer Reihe mit wichtigen literarischen und bildnerischen Kunstwerken. Wer diese Texte unter dem Etikett "Behinderung" liest, wird sie nicht verstehen (mehr dazu im "Nachwort").

In größerem Rahmen wurden die Texte Georg Paulmichls zuerst in der österreichischen Behindertenzeitschrift "los" (Nr.7, 1984) veröffentlicht; in der Folge (1987) gab die Autonome Provinz Bozen unter dem Titel "strammgefegt" ein Buch heraus, das neben Texten auch Bilder von Georg Paulmichl enthielt. Beide Veröffentlichungen sind restlos vergriffen. Der Haymon Verlag möchte mit dieser völlig neu bearbeiteten und um bisher unveröffentlichte Texte und Bilder ergänzten Ausgabe Georg Paulmichl einem breiten Publikum vorstellen.

An der Auswahl der Texte und an der Herstellung dieses Buches haben mitgewirkt: Dietmar Raffeiner, die Eltern Paulmichl, Volker Schönwiese, Gabriel Grüner, Michael Bürkle.

» ...Ich bin nicht behindert, ich kann reden ...«

Georgs Schullebenslauf

Zuerst bin ich in Prad Kindergarten gegangen.
Im Kindergarten hat es mir gefallen.
Ich habe manchmal auch für das Leben gekämpft.

Nachher bin ich in Mals beim runden Turm in die Schule gegangen.
Die Schule ist für mich ein Beruf.
Schulegehen schadet nicht, es schadet auch den Erwachsenen nicht.

Dann bin ich in ein Heim nach Vorarlberg gekommen.
Die Klosterfrauen sind zu streng mit mir gewesen.
Sie haben einem mit einem Stecken auf die Hände geschlagen.

Schlagen ist eine Sünde.
Im Heim haben mir die Schlafzimmer am besten gefallen.
Wenn man schläft dann träumt man.

Nachher bin ich in die Werkstatt gekommen.
In der Werkstatt gefällt es mir sehr gut.
In der Werkstatt bin ich ein Dichter.

Dichter sein ist ein feiner Beruf.
In der Werkstatt sind alles Behinderte.
Ich bin nicht behindert, ich kann reden.

Ich will immer Ruhe haben.
Die Künstler brauchen immer Ruhe.
Ich möchte das ganze Leben in der Werkstatt bleiben.

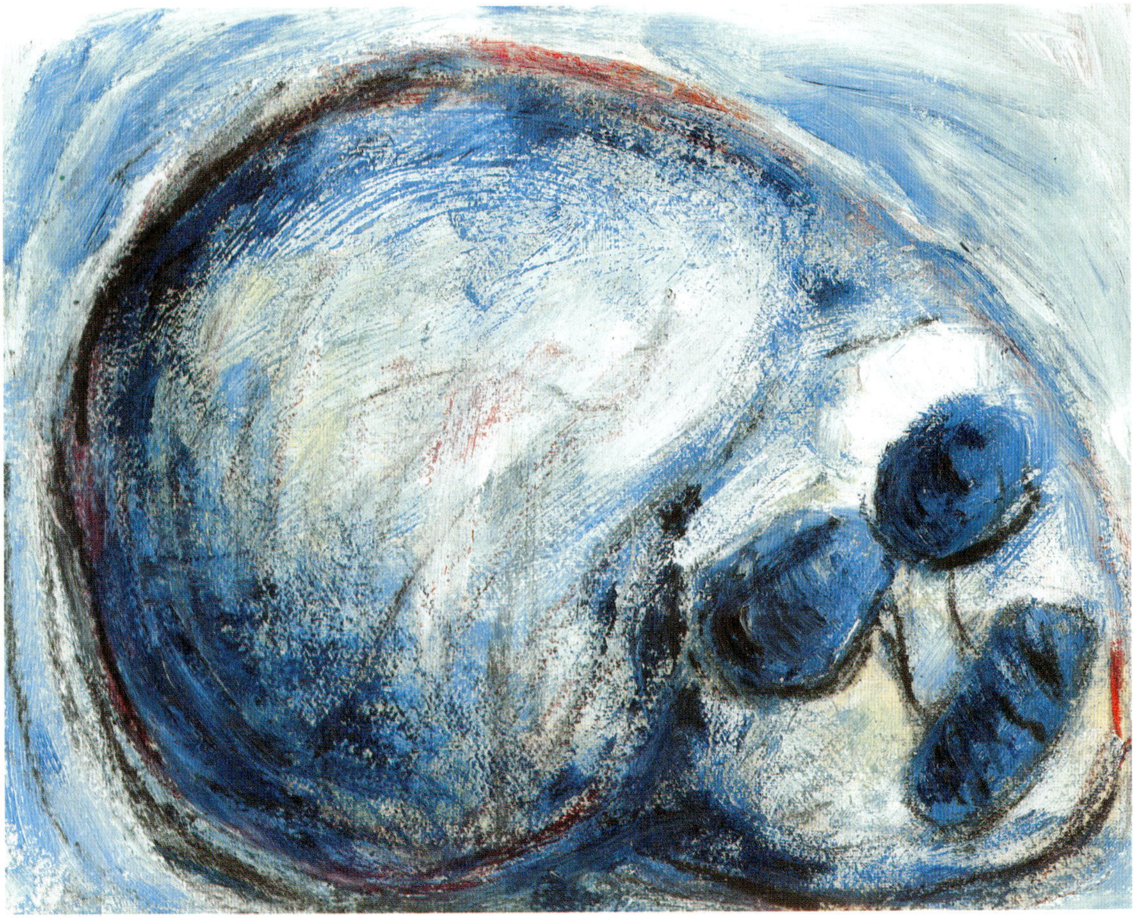

Georg ist ein Christ

Mein christliches Leben ist die Kirche.
Die Kirche ist eine gotische Kirche, wo Heilige darin wohnen.
Kirchengehen ist ein Hobby von mir.

Jesus hat den Menschen in den Nöten geholfen.
Der Esel und der Ochse haben dem Jesukind die Windel warm gehalten.

Jesus mag alle Tiere gern, auch die Schlangen und Krokodile.
Adam und Eva hat er zuerst in die Welt gesetzt.
Jesus hat gesagt zum Teufel: wenn du mich verfluchst, dann tust
du alle Menschen verfluchen.

Es gibt die Hoffnung, die Liebenschaftung, die Verfluchtheit.
Wenn die Menschen zornig sind, dann sind sie verflucht.

Der Lebenslauf von der Geburt

Der Georg, und das bin ich, ist am 8.4.1981 in Schlanders
im Krankenhaus aufgewachsen.
Nachher ist das Leben weitergegangen.

Ich bin aufgewachsen in Prad.
Zuerst bin ich nicht auf der Welt gewesen.
Da bin ich mit den Mücken geflogen.

Auf der Welt hat es mir nicht so gut gefallen.
Auf der Welt sind nicht gute Menschen.
Heutzutage gefällt es mir, ich bin 21 Jahre.

Der schönste Tag des Lebens war die Natur.
An die erste Kommunion kann ich mich noch erinnern.
Bei der Kommunion bin ich aufgenommen worden in die
Gemeinschaft der Menschen.

Ich werde nie sterben.
Einmal müssen alle sterben.
Der Tod ist für mich etwas Schreckliches.
Nach dem Tod werde ich auferstehen.
Im Himmel werde ich mit den Engeln beten.

»... Jesus hat zu den Elektrikern gesagt:
"Das ewige Licht leuchte euch" ...«

Vinschgauer Bahn

Schon lange rollen die Züge über den Vinschgau hinweg.
Die Bahn ist nicht schnell, aber das Ziel hat sie stets im Auge.
Literina heißt die Bahn und huscht durch alle Dörfer.
Die Schrankenwärter bestimmen die Richtung.
Für die Bahnhofsvorsteher ist es höchst gefährlich, bei hellichtem Tage zu schlafen.
So mancher verdient bei der Bahn seinen Lebensinhalt.
Im Tunnell verliert die Sicht ihren Weitblick.
Der Kontrolleur sorgt dafür, daß sich keine Schlaumeier in die Abteile reihen.
Ohne Preise gibt's keine Reise.
Schon seit einiger Zeit wollen die Politiker der Bahn ihren Lauf nehmen.
Hoffen wir, daß die Bahn sich auf den Gleisen weiterhin entfalten kann.

ENEL*

Die ENEL ist eine Erfindung der Nation.
Ohne Licht wäre es stockdunkel und kohlschwarz auf der Welt.
Die ENEL-Elektriker sind eine Erleuchtung für uns Staatsbürger.
Dieser Beruf ist gefährlich, weil es manchmal funkt.
Die Drähte und Kabel werden von der ENEL zu unserer Gunst strammgezogen.
Die Straßenlampen sind die Feinde der Elektriker, weil sie immer ausgehen.
Mit hohen Leitern stochern sie in schwindeligen Höhen die Strommasten zurecht.
Die ENEL ist einfach rundherum tüchtig.
Jesus hat zu den Elektrikern gesagt: "Das ewige Licht leuchte euch".

* Staatliche Italienische Elektrizitätsgesellschaft (Anm. d. Hrsg.)

Suldenbach

Der Suldenbach bekommt ein neues Gesicht.
Der alte Damm hat seinen Dienst erfüllt.
Jetzt wird der Damm einer neuen Bebauung unterzogen.
Bagger graben und schaufeln das Erdreich weg.
Lastwagen sind beladen mit großen Steinen.
Stauden und Bäume werden der Entwurzelung unterzogen.
Man will dem Wasser klare Grenzen schaffen.
Zuschauer sind beeindruckt von der Kraft der Maschinen.
Architekten studieren die Marschroute.
Staub, Geratter und Getöse erfüllen unsere Ohren.
Die Fische müssen sich ihr Vergnügen in anderen Flüssen suchen.
So wird der Fortschritt auch in Prad weiterbefördert.

Die Bauernjugend

Die Bauernjugend ist eine stramme Organisation.
Auf Wiesen und Äckern behaupten sie ihren Erntestandpunkt.
Der Wirtschaft bieten die Bauern immer was zum Knabbern.
Mit Traktoren durchrattern sie die Fluren.
Ohne Bauernjugend würde die Milch nicht fließen.
Die blauen Schürzen dienen ihnen zur Reinerhaltung des Bauernstandes.
Bei Prozessionen sind sie an vorderster Stelle anzutreffen.
Die Bauernjugend veranstaltet oft tiefgesinnte Tanzvergnügen.
Da schreien und raufen die Burschen wie am Spieß.
Auch die Bäuerinnen haben ihren Reiz.
Mit ihren Trachten sind sie auf unserer Augenweide allemal ein Genuß.
Nur der Kunstdünger wird oft zu dick aufgetragen.
Für die Gräser bedeutet dies ein böses Erwachen.

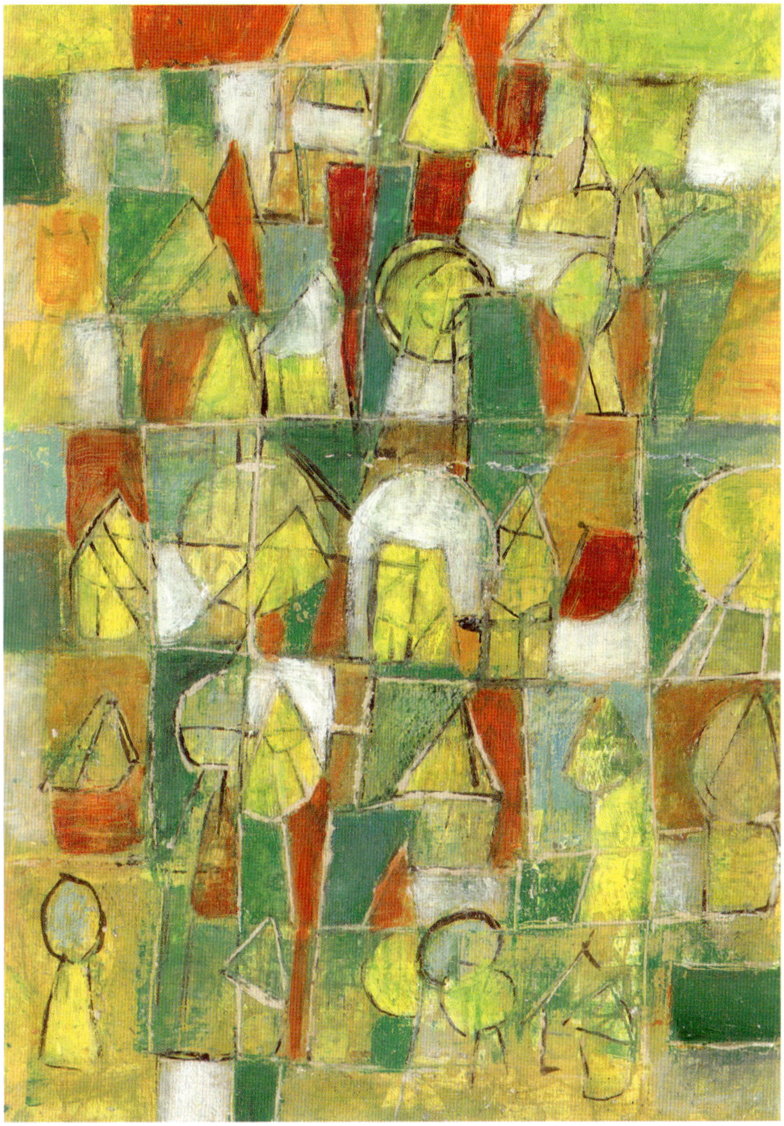

Sparkasse

Es ist schon lange her, seit das Geld im Umlauf ist.
Ohne Geld läßt sich das Vergnügen auf der Welt nicht erobern.
Deshalb sind die Sparkassen und Banken ein Schlüssel zum Tresor.
Rund um die Uhr werden die Gelder gelagert.
Viele Beamte huschen durch die Räume der Sparkasse.
Ihre Arbeit ist schwer, denn tausend Formulare müssen bewältigt werden.
Auch Sekretärinnen bekleiden die Ämter.
Überall werden riesige Umsätze gesteuert.
Der Bankdirektor sorgt dafür, daß alle Formulare ihre Bedeutung haben.
Auch Einbrüche werden bei Sparkassen geübt.
Jesus hat gesagt: "Mein Haus ist keine Räuberhöhle".

Alm

Sessellifte steigen über den Hang zur Alm.
Gebüsch und Bäume ragen aus dem Erdboden.
Hoch oben im Restaurant finden sich die Gäste ein.
Höhenluft umweht die Ausflugsstimmung.
Deutsche Wanderscharen durchkreuzen die Natur.
Im Restaurant werden satte Mäuler gestopft.
Zum Trank erheben sich die Gläser.
Lautstark ertönen Schunkellieder.
Mit Witzen werden die Urlaubsgäste bereichert.
Jeder fühlt sich pudelwohl.
Hände klatschen durcheinander.
Die Kühe wurden längst zum Tale getrieben.
Für die Skilifte wird der letzte Boden plattgewalzt.
Bald kann die Wintersaison ihren Reigen eröffnen.

Wintersaison

Der Schnee kollert nur so vom Himmel herunter.
Die Wirte reiben ihre Hände, denn sie lieben den Fremdenverkehr wie angegossen.
Die Urlauber brechen über alle Landesteile herein.
Bepackt mit Koffern und Tüten wird zum Skivergnügen geblasen.
Alle Skigattungen rutschen von Hang zu Hang.
Der Schnee wird plattgewalzt.
Die Skilifte kreisen ihre Runden.
Es wird befördert und transportiert, bis die Drähte biegen.
Die Händler zahlen ihre blanken Taler.
In den Skihütten schwingt sich die gemütliche Laune empor.
Es wird geschunkelt und gejault, was die Mäuler halten.
Das Kulturvergnügen sprießt aus allen Kräften und Nöten.
Nur die Hirsche türmen von dannen.
Sie lassen sich nicht von den Skihasen integrieren.

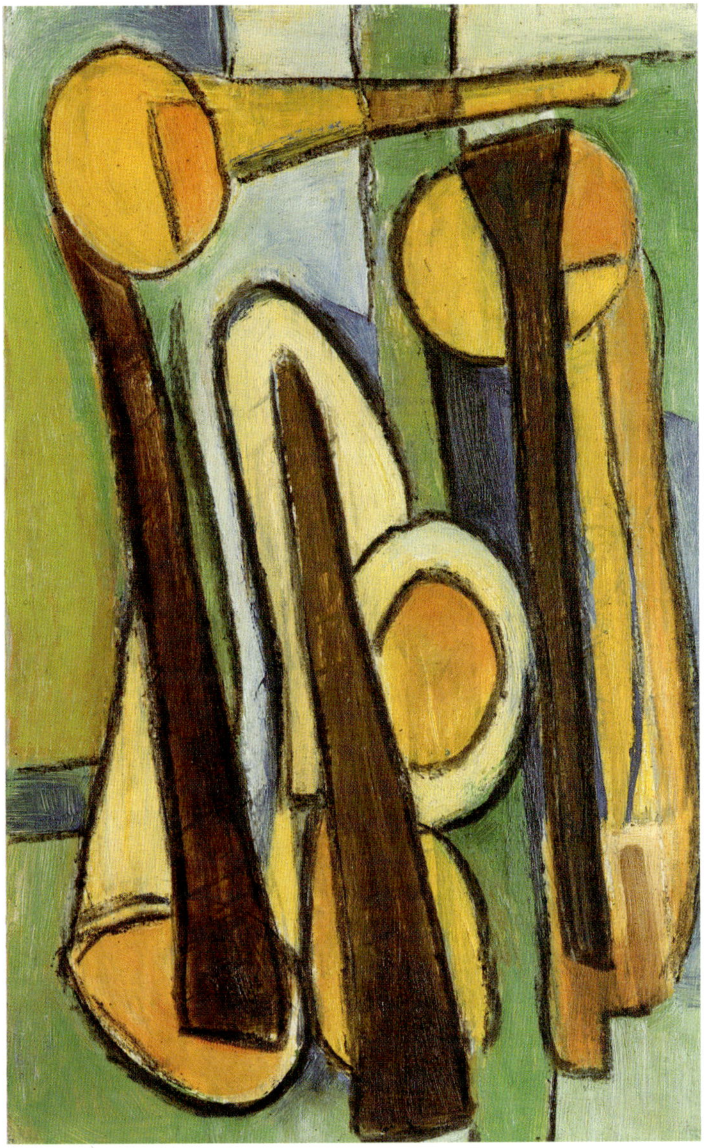

Das Fernsehen

Das Fernsehen ist ein wichtiges Element.
Filme kommen am laufenden Band.
Wenn man zuviel in die Kiste glotzt, bekommt man einen trüben Verstand.
Durch die Mattscheibe kann man die ganze Welt erblicken.
Schlager klingen wie Wattebausch um die Ohren.
Das Fernsehen ist voll von hauchdünnen Melodien.
Für manche Leute wird das Fernsehen zu einer Freizeit.
Tief im Sessel schmorend, gehen die Augen der Flimmerscheibe entgegen.
Ene mene miste, es rappelt in der Kiste, ene mene meck und du bist weck.

»... Sie tun alles damit sich das Volk
dem Wohle fügt... «

Der Papst

Der Papst ist ein Beruf, wo einem angst und bange wird.
Päpste gibt es, seit Moses die Arche Noah entdeckte.
Die Päpste regieren die Kirche.
Der Papst regiert die Kirche und die Seelsorge in den Vereinen.
Die Messe liest er für die Menschen und andere arme Seelen.
In der Basilika hat er sein Revier.
Die Leibwache beschützt den Papst vor wildfremden Menschen.
Der Papst bekleidet das Amt der verheißungsvollen Verklärung.
Ohne Oberhirten gibt es keine Verkündigung.
Und ohne Verkündigung kein Licht der Welt.
Der Papst ist fromm wie ein Christ.

Staatsmänner

Die Staatsmänner sind von edler Qualität.
Ihre Stimmen sind so tief wie ein Tenor.
Sie übersenden allerlei Botschaften an die Völker.
Durch die Politik werden die Staatsmänner zum hohen Rat befördert.
Die Staatsmänner weihen ein was die Gebäude halten.
Ihre Bevollmächtigungen haben sie von oben geerbt.
In ihrer Freizeit zählen die Staatsmänner die Raketen.
Sie tun alles, damit sich das Volk dem Wohle fügt.

Die Ärzte

Die Ärzte haben Wohnungen und einen patzen Heu. (Geld)
Sie müssen alles können.
Sie müssen den Leuten das Essen bringen, sie abwaschen und ihnen die Betten machen.
Es gibt Zahnärzte, Krankenhäuser, Ordensschwestern und manche Ärzte machen auch elendige Hunde gesund.
Sie müssen die Hochschule, die Universität, den Doktortitel und dann den Arzttitel machen. Dann bekommen sie einen Arztkittel.
Auf Ärztekongressen besprechen sie die Lage der Nation im Todesfalle.
Dort erfinden sie neue Wissenschaften und errechnen den Bazillus.
Manchmal haben die Leute solche Schmerzen, daß es ihnen weh tut.
Bei diesem Beruf vergeht einem oft das Hören und das Sehen.
Die Ärzte haben in der Tasche AKTEN, AKTEN, AKTEN, AKTEN, AKTEN und AKTEN.

Die Beamten

Die Beamten sind ein weitlebendes Wesen.
Sie müssen Tag und Nacht ihre Ämter walten.
In den Schalterämtern haben die Beamten ihre Sitze.
Die Beamten haben saubere Schuhe und Krawatten an.
Auf ihren Schreibtischen stappeln sich Akten in Reih und Glied.
Unterlagen und Behördenkram sorgen für den Tagesinhalt der Beamten.
Tief in den Akten wird nach den Beschlüssen gestöbert.
Wer sucht der findet, wer anklopft dem wird nicht immer aufgetan.

Lehrer

Der Lehrerberuf ist ein unheimlicher Job.
Die Schüler werden geprüft, geübt, beaufsichtigt und manchmal auserkoren.
Um Lehrer zu werden, muß man zuerst die Fahrschule machen, dann die Stirn runzeln.
Manche Schüler haben eine fürchterliche Angst, es zittern ihnen nur so die Knie.
Die Lehrer wissen alles, sie sind unglaublich und unfehlbar.

Manche Schüler singen die erste Stimme, manche die zweite und manche die fünfte.
Die Lehrerinnen haben eine höfliche Niedertracht und radieren die Hefte aus, daß sie blitz und blank sind.
Ein sauberes Heft ist eine Erfüllung für den Geist.
Die Lehrer sind von den Landeshauptmännern berufen, aus den Schülern Menschen zu machen.

Der Lehrer lenkt die Gedanken im Kopf herum, daß es nur so rauscht.
Manche Lehrer sind Wüstlinge und Knallköpfe.
Jesus hat gesagt, du sollst kein falsches Zeugnis machen.
Die Schüler müssen aufspringen und guten Morgen durch die Klasse heulen.

Bei den Ohren gehts hinein, bei den Ohren gehts hinaus, das ist der Lebenslauf.

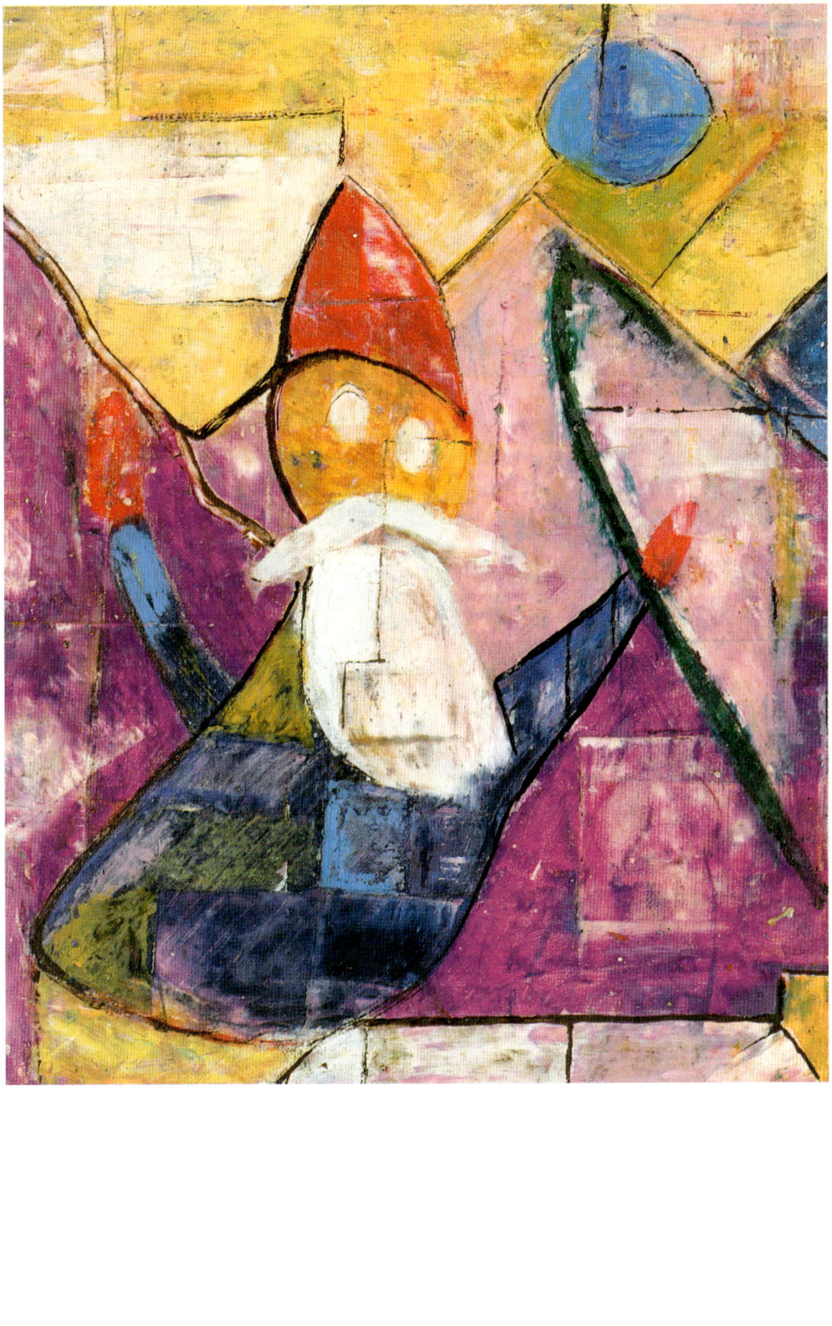

Jagdaufseher

Die Jagdaufseher sind schwer bewaffnet.
Die Jagdgewehre dienen ihnen zur Abwehr gegen Hirsche und fremde Tiere.
Bei diesem Beruf hängt einem das Leben oft beim Magen heraus.
Die Jagdaufseher braucht es, damit die Jagdgesetze nicht außer Rand und Band geraten.
Ihre Ausbildung müssen die Jagdaufseher bei der Hochschule für Jagdbeamte machen.
Die Jagdaufseher sind in den finsteren Wäldern zu Hause.
Der Todfeind für die Jagdaufseher ist der Wilderer.
Die Wilderer müssen zur Strecke geführt werden, sonst herrscht im Wald keine Ruhe.
Das Hobby der Jagdaufseher ist die Schießvergnügenheit.
Gewehrschüsse sind für die Jagdaufseher wie Melodie für die Ohren.

Die Förster

Die Welt braucht die Förster.
Die Förster gehen in den Wald die Bäume anschauen.
Sie sind für die Landschaft ein Genuß.
Je mehr Förster sind, desto mehr zwitschern die Vögel.
Oft haben die Förster im Wald einen Rausch.
Dann rauschen die Bäume.
Um Neujahr zählen die Förster die Bäume.

Die Feuerwehrleute

Die Feuerwehr ist im Kopf blitzgescheit.
Wenns keine Feuerwehren gäbe, wäre die Welt kahl und leer.
Ohne Feuerwehr kann Prad nicht leben, denn dann zünden sie keine Stadel an.
Die Feuerwehr rettet die Leute im Feuer, wenn sie umkommen.
Manchmal heult die Sirene bis sie wieder aufhört.
Dann müssen die Feuerwehrmänner schnell aus dem Bett sich abwaschen und rasieren und dann die Flammen anspritzen.
Sie dürfen keinen Alkohol trinken, sonst kugeln sie in die Flammen hinein.
Die Feuerwehrleute müssen immer wach sein, sie dürfen nie schlafen.
Wenn der Wald brennt, muß die Feuerwehr schnell löschen sonst verbrennen die Tiere, die Förster und die Sessellifte.
Die Feuerwehren sind ein Verein zur Bekämpfung des Feuers.
Oft bekämpft sie auch das Wasser im Suldenbach.
Manchmal bekämpft sie auch die Trinksucht.
Die Feuerwehren haben auch einen Helm auf, damit das Feuer nicht den Helm berührt.
Oft haben sie noble Uniformen an.
Die Hausfrauen bügeln den Feuerwehren die Uniformen.
Es gibt einen Feuerwehrhauptmann, einen Feuerwehrfeldmarschall und einen Brandinspektor.

Schützen

Aufgabe der Schützen ist es, "Habt acht" zu stehen.
Mein Heimatdorf ist voll von Schützen.
Die Schützen gibt es seit Andreas Hofers Heimatverrat.
Sie haben grüne Hüte auf, damit sie sich nicht den Kopf verkühlen.
Die Schützen sind tapfere Krieger und haben keine Angst vor dem Krieg.
Sie halten feierlich Einzug in das Festzelt.
Sie lieben die Heimat so wie das Festzelt und die Kirche.
Der liebe Gott ist bei den Schützen Tag und Nacht.
Sie sind bärenstarke Männer und werden für ihre guten Taten vom Pfarrer gesegnet.
Ihre Lederhosen sind immer molto polito.
Die Schützen haben immer ein Sackmesser dabei, damit die Feinde flüchten.
Wenn ein Schütze stirbt, wird er von den treuen Kameraden heimgeführt ins Himmelreich.
Mit Trauermärschen und Tränen begleiten sie den Kameraden zur letzten Ruh.
BLENDAMED schützt die Schützen vor Karies.
Ihre Freizeit verbringen sie bei einem gemütlichen Stutzen Bier.
Nachher sehen sie die Heimat doppelt.

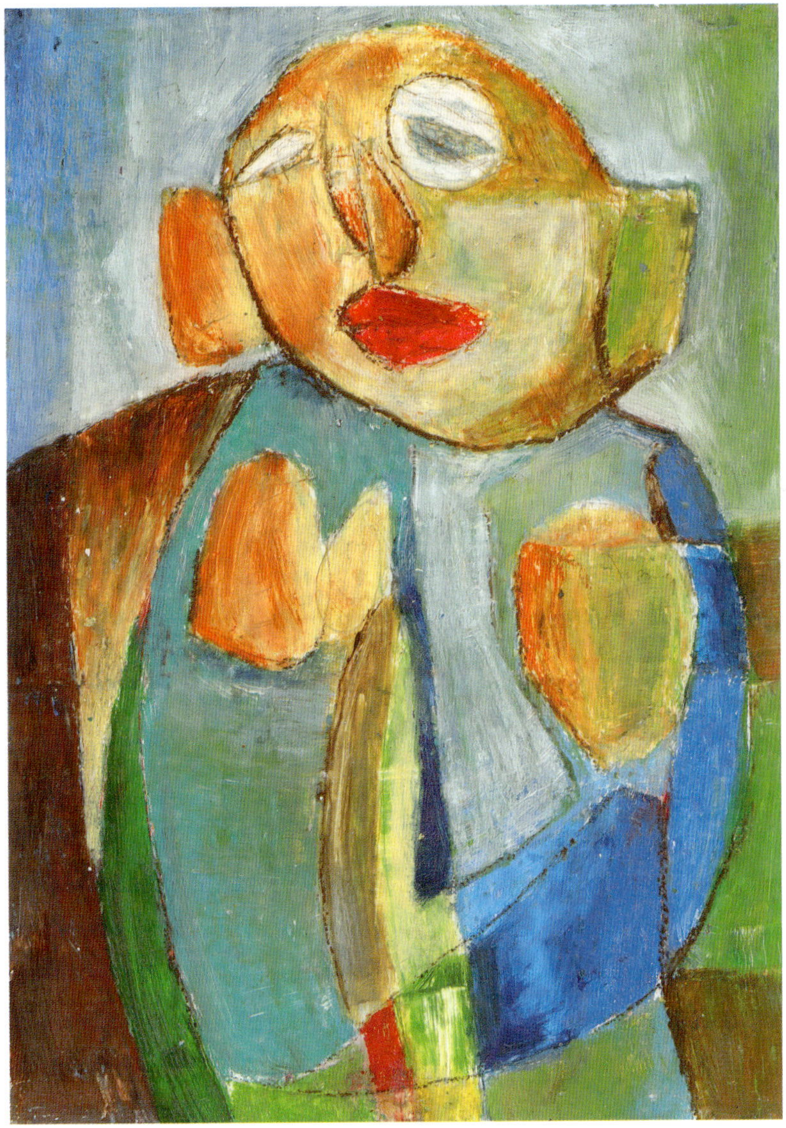

Blasmusik

Was wäre die Welt ohne den RADEZKIMARSCH?
Die Kapellenmärsche begleiten die Menschen zur letzten Ruhe.
Die Töne schallen wie ein Echo über die Berge.
Um Weihnachten erfriert beim Konzert das Trommelfell.
Völker hört die Landesmusikkapellen Südtirols.
Ohne Musik wäre Südtirol ein Verhängnis.
Um Allerheiligen bläst die Musikkapelle eine Grußbotschaft ans Land hinaus, daß die Pflanzen vor Freude lachen.
In jedem Dorf gibt es Musikschulen für angewandte Bläsergruppen.
Manchmal machen die Musikanten mit ihren wunderbaren Trachten eine Donaurundfahrt.
Auf der Donau spielen sie knochenharte Melodien aus Südtirol.
Wenn sie besoffen sind, spielen sie alles krumme Töne.

Der Männerchor

Der Männerchor ist für Prad fast eine Notwendigkeit.
Alle wichtigen Männer haben im Chor ihre Tätigkeit.
Wo immer sich der Auftritt lohnt, wird aus voller Kehle gesungen.
Die Lieder werden mit großer Einstimmigkeit vorgetragen.
Auch bei Prozessionen bieten die Männer ihre Gesänge preis.
Der Männerchor hat auch seine eigene Kleidung.
Mehrmals in der Woche werden die Stimmen geübt und nachher geölt.
Der Dirigent sorgt dafür, daß die Notenblätter ihre Vielfältigkeit haben.
Der jährliche Ausflug sei den Prader Männern gegönnt.
Endlich können sie dann einmal an fremden Früchten zehren.
Nachher kann der Alltag wieder leichter gelebt werden.

Carabinieri

Die Carabinieri wohnen auf der ganzen Welt.
In Prad sind zwei Kasernen voll von Carabinieri.
Sie müssen achtgeben, daß die Welt vor dem Terror geschützt wird.
Bei der Prozession müssen sie die Verordnungen treffen, daß sich die Pfarrer nicht streiten.
Sie sind vom lieben Gott auserwählt, die Welt zu beobachten.
Im Himmel müssen sie dann Zeugnis abgeben.
Die Carabinieri machen nie etwas falsch.
Durch das Blaulicht werden die Leute verschreckt.
Wenn ein Carabinieri stirbt, bekommt er die letzte Ölung.
Danach tun sie ihn in einen Staatssarg und singen eine Abschiedsmelodie.

Militärstory

Ich habe nicht Militär gemacht.
Das tut mir nicht leid, weil mir der Krieg nicht gefällt.
Das Militär ist flink beim Schießen und langsam im Kopf.
Der schwere Helm drückt den Militärs auf das Hirnkastel.
Sie müssen Wache stehen bis sie umfallen.
Das Marschieren ist gut für den Kreislauf.
Beim Militär sind auch viele Esel und Muli.
Die Militärs sollen lieber auf Reagan und Breschniev schießen.
Die Soldaten schießen immer gegen die Feinde.
Der Feind ist immer der Krieg.
Die Feinde sind große Generäle mit vielen Orden.
Wenn die Soldaten sterben, sterben sie den Hungertod.
Den Krieg machen die Helden.
Um den Krieg zu verhindern, müßte man die Helden zu Christen bekehren.

Zigeuner

Zigeuner hausten schon immer in öden Behausungen.
Man sagt, sie entwenden der Fremden Eigentümer.
Manchmal schmausen sie üppige Früchte.
Für die Schulen haben die Zigeunerkinder keine Begabung.
Deshalb können sie die Buchstaben nicht unterscheiden.
Sie ziehen von Land zu Land und lassen die Welt einfach hinter sich.
Zigeunermusik ist für jedes Ohr ein Genuß.
Der Arbeit entsagen sie am laufenden Band.
In der Sonne lassen sie ihre Bäuche schmoren.
Die Sauberkeit steht den Zigeunern nicht zu Gesichte.
Manchmal werden die Zigeuner von den Carabinieri des Weges vertrieben.

»... Die Musik bläst aus vollen Rohren... «

Gedenkjahr I

Das Jahr 84 geht bald zur Neige.
Viel wurde gefeiert und gedacht.
Umzüge und Kranzniederlegungen sollten zum Heldentum uns ermahnen.
Politiker hielten Reden, um Andreas Hofers Schicksal zu überwinden.
Dabei wurden auch Ehrenmedaillen verliehen.
Denkmäler wuchsen aus den Böden.
Lieder erklangen feierlich.
Dornenkronen wurden zur Schau gestellt.
Schützenverbände marschierten im Gleichschritt durch die Straßen.
Alte Gebäude wurden im Jubeljahr neu überdeckt.
Wehe denen, die abseits stehen, sie werden des Verrates verurteilt.
Wo man feiert, da laß dich nieder.

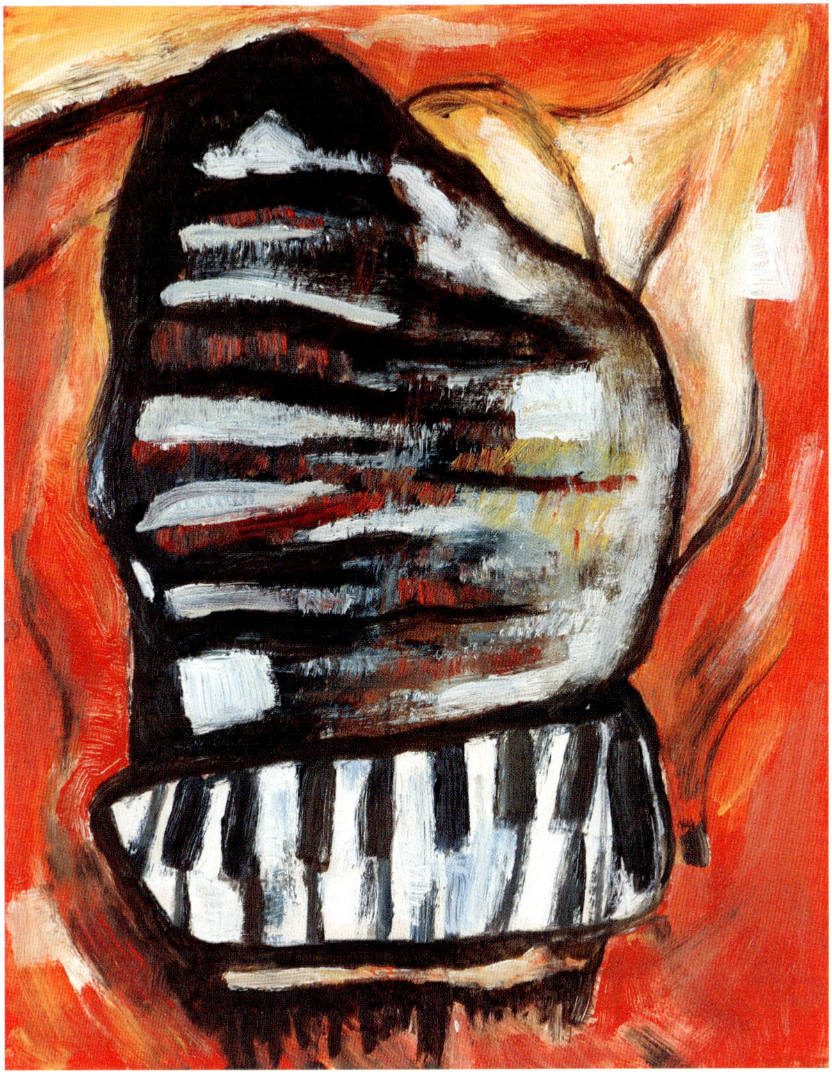

Gedenkjahr II

Ein Volk muß sich seiner Helden übergeben.
Es ist lange her, seit Andreas Hofer gelebt hat.
Der 20. Februar soll uns den Andreas Hofer ständig wachrufen.
In Mantua wurde er von feindlichen Kugeln betroffen.
Nur mehr Denkmäler zeugen, daß es Hofer einmal gegeben hat.
Die Denkmäler werden jedes Jahr neu puliert.
Hymnen und Gesänge ertönen.
Orden und Fahnen beweisen die Tiroler Ehre.
Reden erklingen durch die Lautsprecher.
Der Beifall wird von Hand zu Hand geklatscht.
Die Landespolitiker stehen stramm vor so viel Geist.
Durch die heilige Messe wird die Zelebration abgeräuchert.
Glauben macht selig, steht in der Bibel.

Tag der Vereine

Scharenweise marschieren die Vereine in die Halle ein.
Alle, die ein Vereinsleben vorweisen konnten, waren mit von der Partie.
Die Halle war voll bis über den Rand.
Jeder konnte zur Freude der Dorfgemeinschaft gratis essen und trinken.
Der Bürgermeister lobte, lobte und pries alle an.
Auch der Landeshauptmann übergab sich mit seinen Worten.
Er lobte die Prader für ihren Edelmut.
Der Landrat aus Neu-Ulm griff in das Loblied ein.
An diesem Tag war die ganze Welt in Ordnung.
Die Ehrenbürger hatten sich zum Wohle des Volkes bereitgestellt.
Jeder Verein wurde für sein glanzvolles Wirken für immer ins
Gedächtnis gerufen.
Zuletzt wurde der unsterblichen, tapferen und treuen Taten unserer
Ur-Ur-Urgroßväter erinnert.
Die Bundeshymne schallte aus allen Kehlen.
Nur die Kinder wurden frühzeitig des Weges gewiesen,
denn sie konnten die Ordnung nicht halten.

Oktoberfest

Jedes Jahr im Oktober ist in München der gleiche Trubel.
Das Oktoberfest ist ein Fest für jedermann.

Die Musik bläst aus vollen Rohren.
In verrauchten Zelten grillen sie Pollo.

Schunkellieder werden eingestimmt.
Das Getränk, das den Durst ersäuft, ist das Bier.
Die Schuplattler klopfen sich die Wadel weich.
Auch hohe Politiker schauen beim Oktoberfest tief in die Gläser.
Musikkapellen mit ihren altertümlichen Trachten erfüllen die Zelte mit Märschen.
Alle fühlen sich wohl, denn die Nüchternheit ist schon lange gewichen.
Viele heisere Stimmen und Geplauder bleiben übrig.
Das Oktoberfest ist ein leuchtendes Beispiel weit über München hinaus.
Manchmal sieht man das leuchtende Beispiel bis zu uns nach Südtirol.

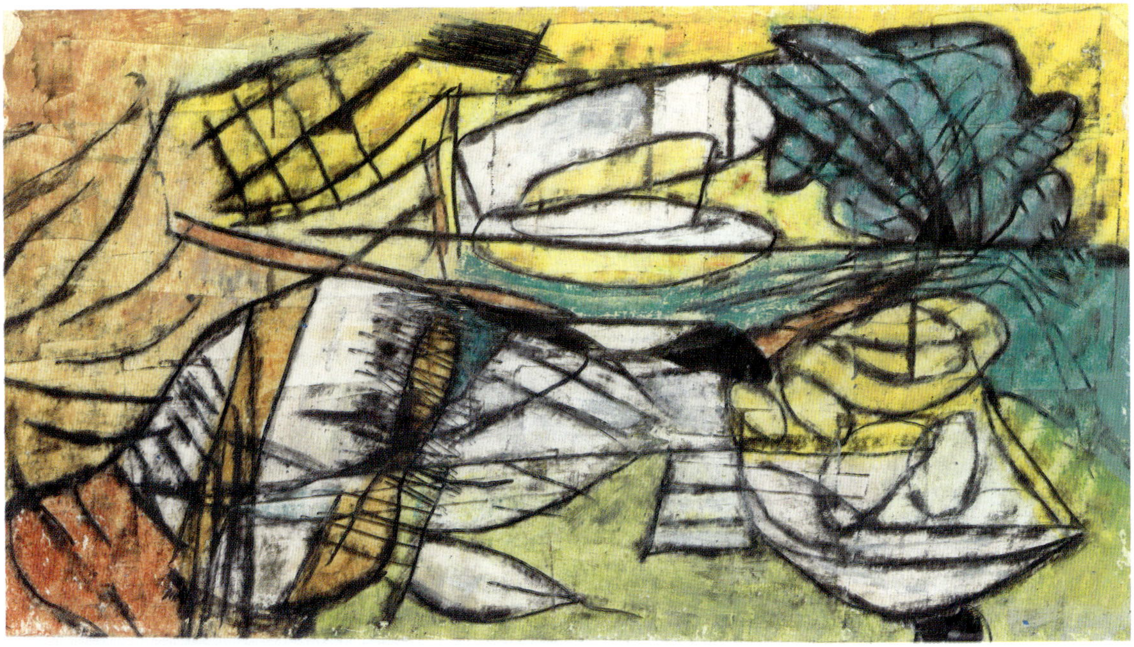

Samstag Abend

Am Samstag Abend da geht es immer rund.
Es ist die Zeit der besinnlichen Abendveranstaltungen in Südtirol.
Jeder findet das richtige Etwas.
Mit schönen Abendkleidern und tollkühnen Socken sucht jeder sein Lebenselement.
Spray aus der Dose erfrischt die Gemüter mit einem elastischen Geruch.
Am Samstag lauert der Duftdeodorant an allen Ecken und Enden.
Vor lauter Lärm verliert man oft die Besinnung.
Am Samstag Abend sieht mancher manchmal doppelt.
So gehen bei manchen die Gedanken drunter und drüber.
Die Luft ist so grauenvoll, daß man nicht mehr durchatmen und durchblicken kann.
Manche erzählen in seeliger Runde heitere und besinnliche Kriegsgeschichten.
Die Männer sind dann immer stolz, daß sie gegen den Feind kämpfen durften.
Die jungen Männer streiten über die schönsten und schnellsten Düsenjäger.
Die jungen Frauen diskutieren am Samstag darüber, welcher Duft am besten duftet.
Vor den Ballveranstaltungen gehn die Leute immer in die Kirche, um sich zum Christentum zu bekennen.

Flippabend

Das Rockkonzert donnerte wie eine Rakete durch die Nacht.
Die Leute kamen in Scharen angelaufen.
Die Boxen haben laut gehildert.

Die Flippjugend haben gerockt daß nur so die Ohren fliegen.
Die alten Leute bleiben lieber daheim, in den Fernseher glotzen.
Der Pfarrer und die Häuserin sind schon zu alt.

Sie hätten sollen lauter singen, daß man den Text versteht.
Um 12 Uhr sind die Leute heimgetorgelt.
Der Wein macht dumm, er geht im Kopf herum.

Rock und Wein steckt darin ein Teufelein.
Die Leute sind gekommen und haben gesagt da ist die Hölle los.
Die alten Leute wollen nicht die Hölle vor ihren Augen.

Die Rockmusik macht die Jugendlichen selig.

Fußball

Vom Fußball bekommt man einen elementaren Geist.
Die Fußballstadlen sind immer überfüllt von Deutschen, Negern und anderen Ausländern.
Die Fußballfans brüllen, daß einem die Ohren zu Berge stehen.
Die Leute sollen lieber zuhorchen, wie die Spieler den Ball beheben.
Die Polizisten müssen immer aufpassen, daß die Fans nicht dem Schiedsrichter eine wischen.
Wenn die Fußballspieler alles falsch machen, dann wird es den Trainern zu bunt.
Ohne Herzschrittmacher würde der Tod den Trainern ins Auge schauen.
Die Schiedsrichter müssen achtgeben, daß der Ball nicht aus der Reihe tanzt.
Für manche Leute ist Fußball das Lebensziel.

»... Viele Städte sind schon über das Maß gewachsen... «

Großstädte

In den Straßen der Städte reihen sich die Häuser übereinander und durcheinander.
Hochhäuser überragen alle Berge.
Menschen huschen wie Hasen durch die Geschäfte.
Busse und Untergrundbahnen befördern Menschen zum Bestimmungsort.
Polizisten versuchen, dem Verkehr Einhalt zu gebieten.
Getränkebuden und Imbißstuben lassen ihren Duft steigen.
Rettungsautos sausen durch die Straßen, um Unfalltote zu retten.
Fabriksschlote verdunkeln die Sichtweite.
Alle Religionen versammeln sich in der Stadt und können angebetet werden.
Straßenlampen beleuchten dunkle Geschäfte.
Viele Städte sind schon über das Maß gewachsen.

Politik

Südtirol ist das Land der Berge, der Weintrauben und der Schilehrer.
Südtirol ist das Land der Schlösser und Gespenster.
Gespenster hat es nie gegeben, das ist ein Märchen.

Die Südtiroler Politik ist Weltpolitik.
In Südtirol heißen die Politiker: Craxi, Pertini, Kaserer, Gamper, Robert Pöder, und der Capalini.

Die Politiker regieren, reden, sie machen oft auch eine Preisverleihung. Politiker haben immer schöne Krawatten an, rote, grüne, blaue und gelbe. Sie sind immer sauber. Ihre Schuhe glänzen oft. Alle Politiker kommen in den Himmel.

In Südtirol sind immer große Feste.
Es gibt viele Märsche in Südtirol: den Luis Trenker Marsch.
Die Musikkapellen spielen den ganzen Tag.

Bozen

Bozen, du Stadt der Sehenswürdigkeiten und Büros.
Bozen ist das Zentrum Südtirols.
Wichtige Geschäfte lassen sich in Bozen jederzeit betätigen.
In Bozen wird die Politik regiert.
Fabriksqualm sorgt für den Bozner Gestank.
Vom Bozner Mazziniplatz sendet die RAI allerhand Nachrichten.
Eine neue Talferbrücke soll den Bürgern ein Erlebnis werden.
Auch der Unterricht kann in Bozen abgehalten werden.
Schulen befinden sich an allen Ecken und Enden.
Im Landeskrankenhaus werden Patienten ins Leben zurückgewiesen.
Die Wehrmänner der Bozner Feuerwehr sorgen dafür, daß die Flammen im Keime ersticken.
Der Bozner Bahnhof ist eine Verbindung zur gesamten Welt.

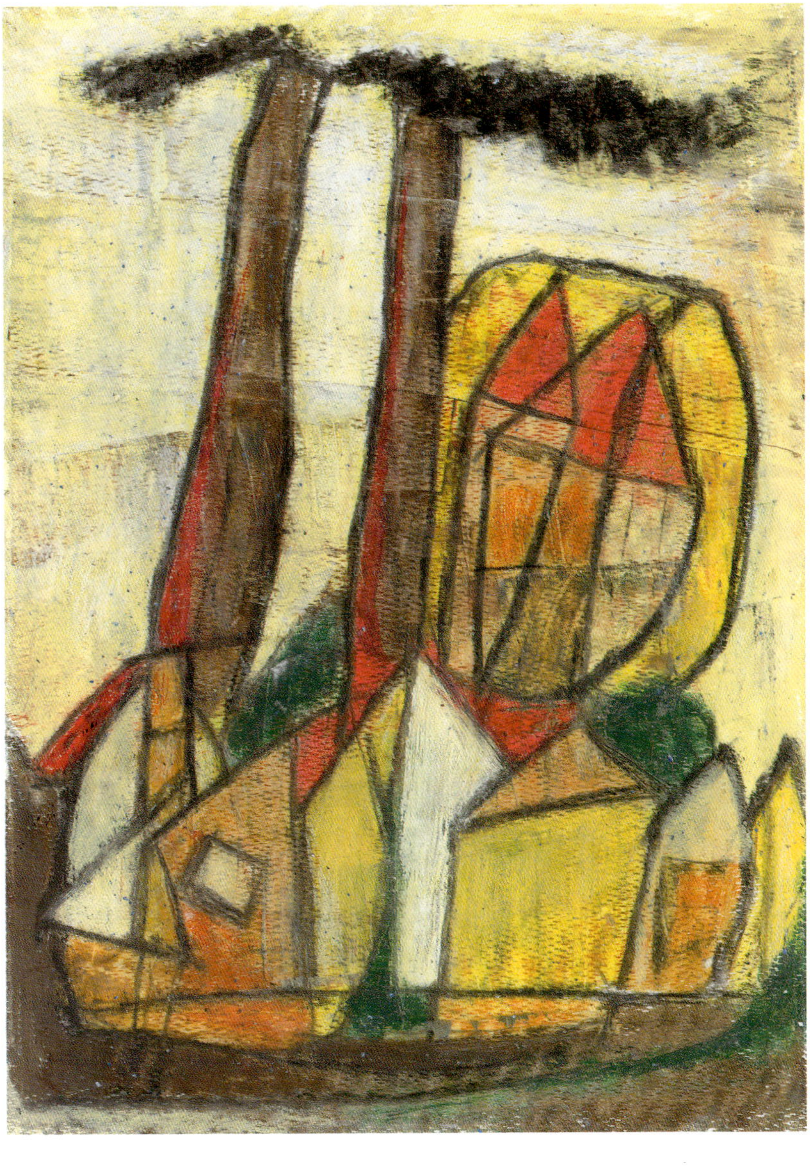

Meran - Merano

Die Stadt Meran hat schon eine alte Geschichte auf ihrem Buckel.
Heuer feiert Meran ihr traditionelles Altersjubiläum.
Meran wird von allen Gästeströmungen übervölkert.
Den Gästen wird ein reichhaltiges Kulturabkommen serviert.
Auf der Kurpromenade läßt es sich nach frischer Luft riechen.
Auf dem Pferderennplatz galoppiert man um des Sieges Gunst.
Umzüge und Trachtenvereinigungen geben Meran die Ehre.
Für die Schüler ist Meran ein Umschlagsplatz.
Geschäfte reihen sich in Reih und Glied.
Die Passer fließt gemütlich durch Merans Flußmündungen.
Der Sport läßt sich in Meran nicht ins Irre führen.
Es wird gerudert, gepaddelt und dem Ball nachgeschossen,
wo immer sich die Sportler einfinden.
Die Alleen werden in Meran von Bäumen überwuchert.
Auch die Kirchen haben in Meran ihre Plätze.
Für die katholische Vielfalt ist in Meran gesorgt.
Nur die hohe Politik wurde aus Meran weggezerrt.
Die hohe Politik hat in Bozen ihren Stammplatz.
Die Sonne scheint auf Merans klimatisches Klima voll Entzücken
herunter.
Noch lange soll Meran seinen Reiz entfachen.

Innsbruck

Innsbruck ist eine Sehenswürdigkeit.
Den Gästen reichen die Augen vom Goldenen Dachl bis zur Bergiselschanze.
Studenten bewegen sich in allen Straßenecken.
Züge rollen aus allen Erdteilen heran.
In den Gasthäusern kann man sich köstlich abspeisen lassen.
Innsbruck ist unsere alte Landeshauptstadt.
Ganze Straßenzüge sind neu aus dem Boden gestampft.
Der Landeshauptmann Wallnöfer hat in Innsbruck seinen Stammplatz.
Im Sommer blühen in Innsbruck auch die Orchideen und die Tulpen.
Im Winter öffnet sich der Himmel für die Schneepracht.
Mittendurch fließt der Inn und gibt der Stadt seine Feuchtigkeit.
In Museen lassen sich vergangene Zeiten hochhalten.
Innsbruck ist sauber, selbst die Autos stinken nicht.

Deutschland

Deutschland erstreckt sich vom Norden bis zum Süden.
Deutschland wurde von den Germanen gepachtet.
Das Land ist reich und die Taler prasseln nur so hernieder.
Vor 50 Jahren gelangte der Hitler zum Reichsstab.
Mit Furcht und Tadel ließ er die Politik walten.
Die Politik wird auch heute in Deutschland hoch regiert.
Die Deutschen haben einen strammen Kanzler.
Er versteht alle Fremdsprachen.
Auch die Grünen stehlen sich zu den Wahlurnen.
Sie lassen ihre Prozente steigen.
Die deutsche Fußballnationalmannschaft treibt von Sieg zu Sieg.
Der Beckenbauer bestimmt alle Regeln.
Das ZDF sorgt dafür, daß die Mattscheibe schwirrt.
Bei der Schwarzwaldklinik können die Deutschen lachen.
Prof. Brinkmann läßt die Heilkräuter wirken.
Im Sommer entsagen die Deutschen der Heimat.
Auf allen Weltgegenden lassen sie sich hernieder.
Manche Türken suchen in Deutschland ihre Ruhestätte.
Doch die Einheimischen lassen sich von den Fremden nicht aus der
Bratpfanne löffeln.

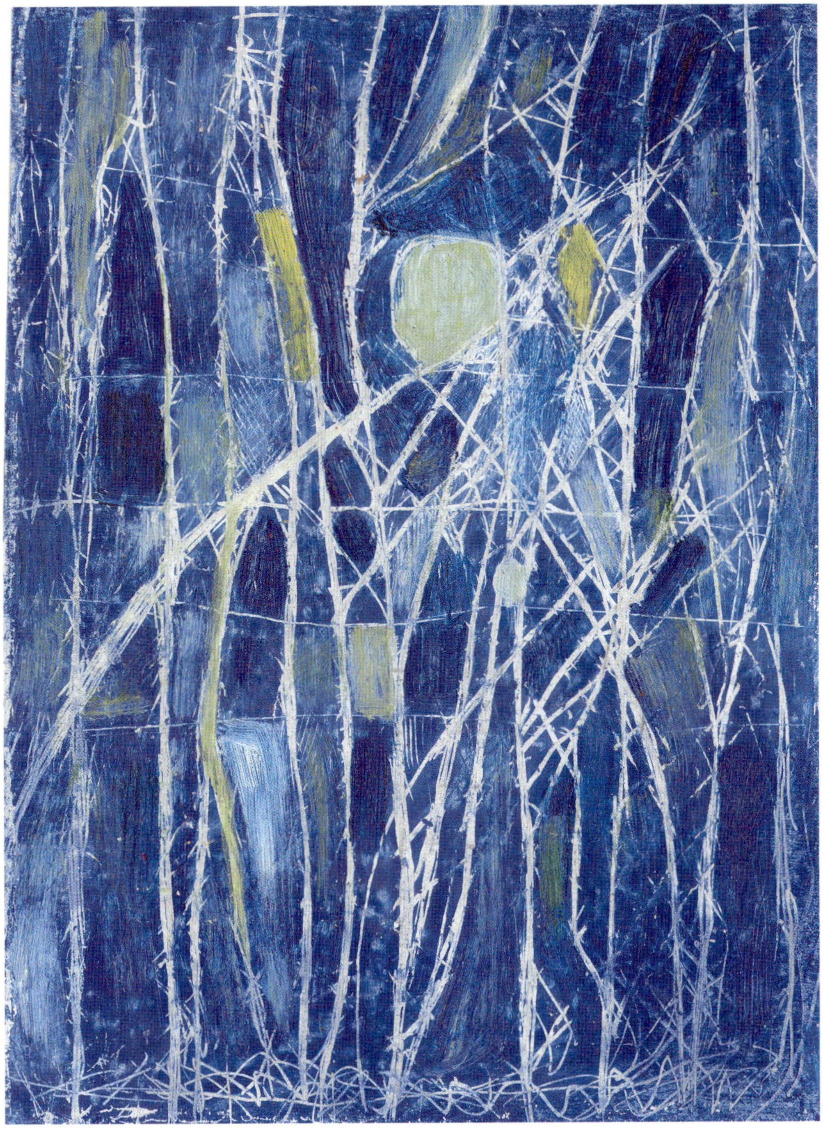

Schweiz

Die Schweiz ist ein Land, das zwischen Österreich grenzt.
Sie ist von Bergen überfüllt, und siehet nicht weit herum.
Die Berge bedecken die Dörfer und die Einwohner.
Auf die Drei Zinnen kann man mit der Gondel hinaufgondeln.
In der Schweiz gibt es Uhrengeschäftli mit Sandührli.
Das Land wird nur von auserwählten Gästen bereichert.
Es zirkulieren viele Beamte und andere Gattungen.
Die Musikkapellen marschieren durch die Umzüge.
Diese Traditionen sind wertvoll und uralt.
Die Traditionen muß man erhalten, damit der Wert steigt.
Beim Krieg waren die Schweizer zu feig und haben sich nicht hinausgetraut.
Sie haben wunderhübsche Almen mit hübschen Sennerinnen.
Die fremden Gelder werden in der Schweiz stationiert.
Die Ölmagnaten machen oft einen Bummel durch die Schweiz.
In der Schweiz gibt es auch manchmal Polizeiausschreitungen.
Manchmal huschen Schmuggler über die Grenze und Täler.
Über der Schweiz kreisen die Adler, die Elstern und die Geier.

Österreich

Mitten in der Landschaft liegt Österreich.
Die Österreicher sind ein sauberes Volk.
In der Hauptstadt Wien laufen alle politischen Händler ein und aus.
Von den Bergeshöhen läßt sich das Land überblicken.
Die ORF-Kameramänner senden rund um die Uhr.
Mozart hat in Österreich seine Laufbahn begonnen.
Die Österreicher sind durchaus katholisch.
Von Meeresstränden ist Österreich nicht umhüllt.
Die Österreicher haben Spitzenfußballer höchsten Ranges.
Auf österreichischen Universitäten haben die Südtiroler Studenten ihre Tummelplätze.
Vom Kaiser Franz Josef blieb nur mehr der Kaiserschmarrn übrig.

Wüste

Sandhügel türmen sich über das Augenlicht.
Die Sonne brennt ohne Niederlaß auf die Wüstenhäupter.
Gräser ersticken im Staubkeime.
Die Wolken ziehen über der Wüste ewig davon.
Kein Tropfen Wasser läßt den Wüstensand auftauen.
Die Wüste ist das Paradies der Araber.
Dort lassen sie ihre Bananen in der Sonne räuchern.
Nachts wird es in der Wüste kühler, und die Sandhügel entschwinden
in der Finsternis.

»... Die Blätter beginnen Farbe zu bekennen... «

Frühlingserwachen

Lange hat sich der Schnee auf der Erde ausgebreitet.
Nun recken die ersten grünen Halme ihre Hälse gegen die Sonne.
Die Tiere beginnen aus ihren Erdlöchern zu kriechen.
Wärmere Winde rütteln die Bäume aus dem Winterschlaf.
Die Bauern beginnen ihre Saat zu verpflanzen.
Die Hunde bellen nach allen Windrichtungen.
Die alten Leute rücken von der Ofenbank ab.
Sie wollen noch einmal das Leben wagen.
Die letzten Schneefelder zerrinnen vor dem Sonnenlicht.
Die Gesichter der Menschen werden wieder fröhlicher.
Das Wachstum und das Gedeihen läßt sich nicht mehr aufhalten.

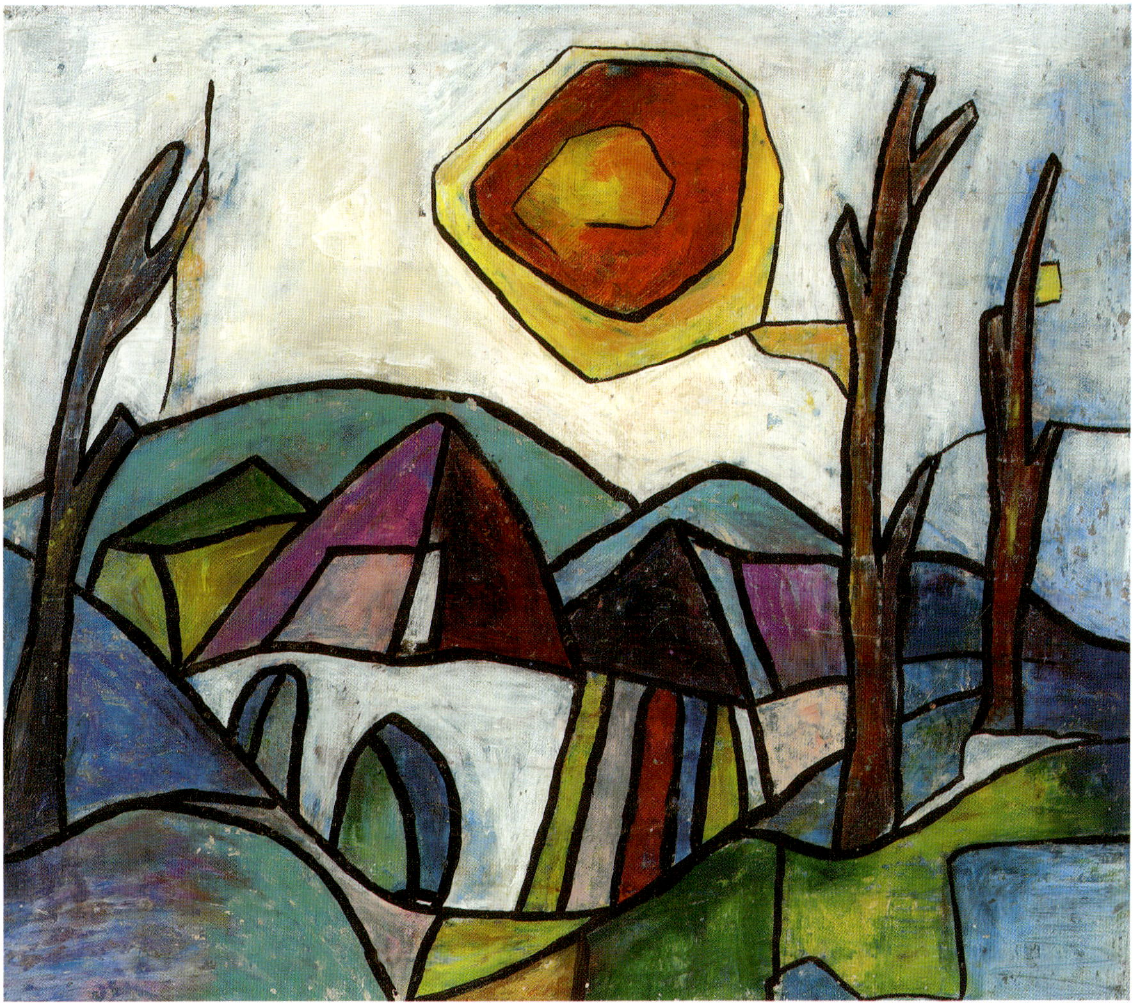

Eismänner

Jedes Jahr durchbrechen die Eismänner den Frühling mit ihren Gewalten.
Noch einmal blasen die Eismänner uns den Hut vom Kopfe.
Auch den Tieren wird das Fell noch einmal strammgefegt.
Die Bäume werden gerüttelt und geschüttelt.
Die Grashalme gucken nur mehr so verzagt aus dem Wiesengrund.
Der Schnee reicht noch einmal herunter bis zum Talesende.
Die Eismänner kommen ohne anzuklopfen.
Sturmböen verteilen sie übers Land.
Auch der Garten wird noch einmal von den Eismännern angebraust.
Nur im Treibhaus herrscht eine herrliche Stille.

Die Nacht

Wenn der letzte Sonnenstrahl hinter den Bergen ist, kriecht die Dunkelheit über die Täler.
Lange Schatten fallen über die Häuser her.
Lampen strahlen gegen die Dunkelheit.
Ohne Licht bleiben die Augen der Menschen verhüllt.
Im Dunkel munkeln die Gespenster.
Die Nacht hat ihre dunklen Schattenseiten.
Die Dunkelheit bietet den Dieben ihren Schutz.
Eulen jagen mit Uhuaugen durch die Nacht.
Die Nacht endet, wenn der Tag anfängt.

Altweibersommer

Jeden Herbst, wenn die Äpfel von den Bäumen glänzen,
steht der Altweibersommer vor der Tür.
Noch einmal scheint die Sonne am höchsten.
Noch einmal läßt es sich in der Sonne wohl fühlen.
Doch der Winter naht aus der Ferne.
Die Blätter beginnen Farbe zu bekennen.
Die Bauern verweisen ihre Kühe auf die Felder.
Der Schullärm übertönt bereits die Klassenräume.
Die Natur verliert ihren Reiz.
Das Fest Allerheiligen rückt näher.
Die Menschen strömen zu den Friedhöfen.
Die Gräber rücken in den Mittelpunkt.

Regentag

Überall drücken einem die Wolken aufs Gemüt.
Öde und graue Landschaft erhebt sich unendlich weit.
Tropfen rieseln einem auf die Köpfe.
Warme Kleidung ist immer notwendig.
Am besten ist, man bleibt im Haus und läßt das Wetter vor der Tür stehen.
Das Wasser erlöscht jedes Feuer.
Bei düsterem Wetter hat man mehr Zeit für die Besinnlichkeit.
Ein Buch lesen übt den Verstand.

Der Nebel

Der Herbstnebel kommt angeschwollen.
Der Nebel verkürzt die Landschaft.
Die Blicke verschwinden im Nebeldunst.
Die graue Landschaft drückt einem aufs Gemüt.
Hinter dem Nebel versteckt sich die Sonne und faulenzt den ganzen Tag.
Gegen den Nebel kann man nichts machen,
man muß ihm seinen Lauf lassen.

Herbstgeflimmer

Das Licht kommt vom Himmel.
Der Herbst kriecht ins Land.
Der Herbst ist ein knurriger Mann.
Er bläst die Blumen an und bringt sie zum Beben.
Die Hunde bellen den Herbst schrecklich an.
Der Herbst bringt den Friedhof zum Erwachen.
Die Gräber wackeln und die Toten nehmen Abschied von der Welt.
Der Nebel enthüllt im Herbst die Särge.
In der Totenkapelle erwachen die Weltkriegssoldaten.
Im Herbst welken die Gedanken.
Der Winter reitet mit dem Herbst ins Leere.
Der Wein ersäuft im Herbst die Menschen.

Schneefall

Zuerst wirbelten die Flocken ganz gemütlich durcheinander.
Doch gegen Abend wurde die Flockenpracht dicker und dicker.
In der Früh hatte die Schneedecke alles überschattet.
Tür und Tor mußten weggeräumt werden.
Schneefresser stöberten durch alle Straßenwinkel.
Schneepflüge bohrten sich durch dicke Schneemassen.
Auch die Gemeindearbeiter rückten zur Wehr.
Hausfrauen streiften mit dem Besen dem Schnee eins über.
Im Schweiße des Angesichts wurde mit den Händen zugepackt.
Feuerwehrleute stellten sich mit ihren Funkgeräten zur Stelle.
Manche Dächer konnten bei dem Schnee keinen Halt mehr finden.
Von den Autos sah man oft nur mehr den Anschein.
Die Waldtiere trieb es mitten in die Dörfer.
Der Hunger hat sie längst heimgesucht.
Der Strom erlosch und die Finsternis kam übers Tal.
Leise hörte man die Leute jammern.
In den Gasthäusern konnte nur kühler Wein zum Aufschank
gegossen werden.
Der Fernsehabend blieb auf der Schwelle.
Die Langeweile kroch über die Familienhäupter hinweg.
Eine ungeheure Katastrophe hat sich über uns gerollt.

Schnee

Der Schnee hat sich über unsere Landschaft niedergelegt.
Die Augen staunen, denn alles ist in Weiß gehüllt.
Der eiskalte Wintermann hat uns in die Kälte verwiesen.
Ganz Europa klirrt vor klirrender Kälte.
Jeder will dem Schnee zu Leibe rücken.
Auch auf dem Kirchplatz wird tapfer geschaufelt.
Die Wolken lassen sich nicht von den Menschen ins Bockshorn jagen.
Die Wolken schneien und schneien, solange der Vorrat reicht.
Schneemänner entspringen aus den Böden.
Die Kinder haben ihre höllische Freude.
Manchmal rauscht auch eine Lawine zu Tale.

Winterstaub

Heuer hat der Winter magere Reize entfacht.
Die Sonne strahlt in voller Pracht.
Die Winterwolken lassen die Flocken nicht rieseln.
Die Skier bleiben im Trockenen stecken.
Skilifte kreisen einsam ihre Runden.
Die Wirte sind mit ihren Gedanken über alle Wolken.
Dürre Wiesen ragen aus dem Erdboden.
Warme Winde wehen über die Gassen.
Hunde schnuppern den Staub vom Fell.
Der Staub treibt einem wie Sand in die Augen.
Staub bist du, und zu Staub kehrst du zurück!

»... Die Eltern zaubern den Kindern
ihre Wünsche vor... «

Pfarrgemeinderat

Die Christen gibt es schon seit Jahrtausenden.
Diese Zeit ist länger als die Menscheit.
Die Menscheit gibt es so lange bis die Welt untergeht.
Der Pfarrgemeinderat spricht über Jugendträume und die Auferstehung.
Die Kandidaten werden durch das auserwählte Volk gewählt.
Die Kandidaten müssen folgsam, gehorsam und ordentlich gekämmt sein.
Der Glauben bedeutet für die Menschen eine Erholung.
Alle Heiligen helfen dem Pfarrgemeinderat, daß die Mitglieder
die Stange halten.
Der Pfarrer sagt: Schaut in die Welt und lasset die Herzen aufjubeln.

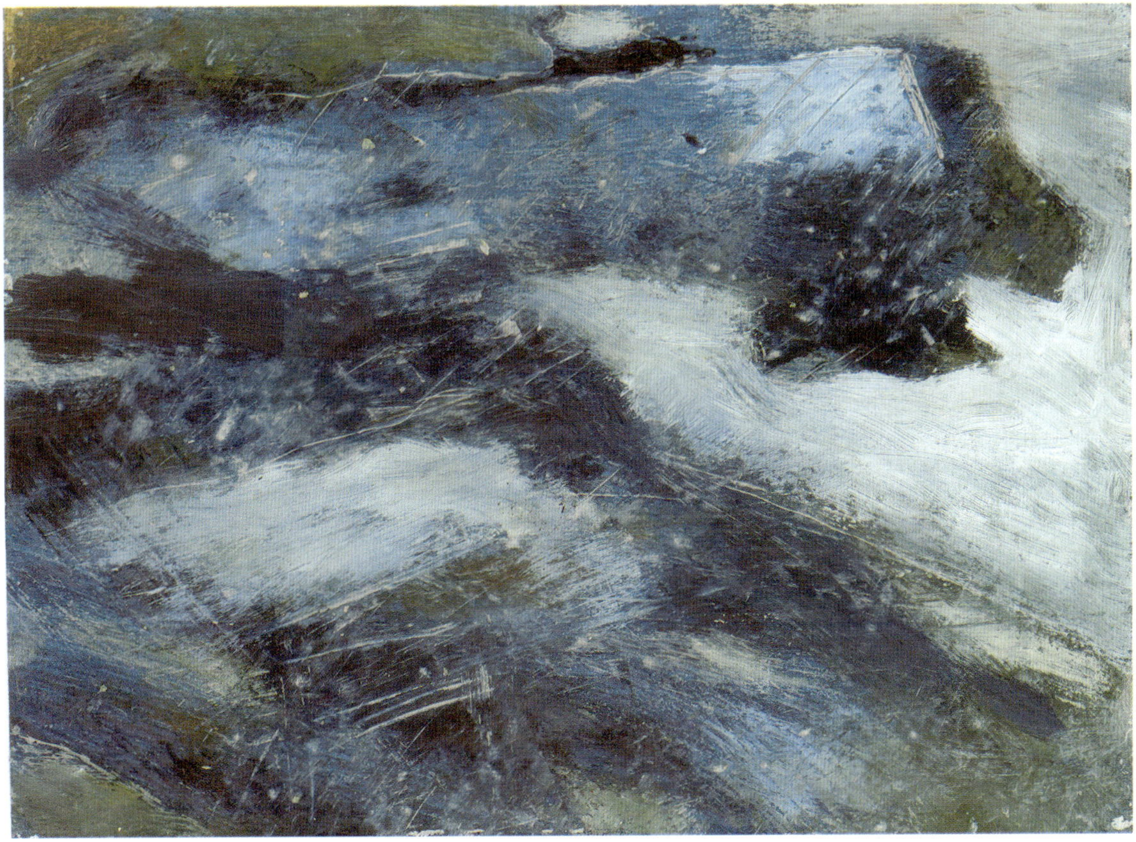

Der Herrgott von Agums

Ein Hirte in früheren Zeiten schnitzte einst den Herrgott.
Er war groß und hatte eine hölzerne Gestalt.
Lang stand er in der Agumser Kirche und beschützte deren Schätze.
Viele pilgerten zum Herrgott, um dem Leben lange gewachsen zu sein.
Einst brannte die Agumser Kirche lichterloh.
Der ganze Turm war in Asche gelegt.
Von diesem Tag an wurde der große Herrgott in die neue Kirche überführt.
Er fühlte sich sehr wohl neben den Gläubigen, man hat ihn nie klagen gehört.
Doch eines Tages machte es einen Knall, und der Herrgott plumpste in die Tiefe auf den Kirchenboden.
Ihm wurden dadurch sämtliche Knochen zerbrochen.
So stehen die Leute nun vor einem leeren Vorhang und wissen nicht mehr, wen sie anbeten sollen.

Ostern

Wieder steht Ostern vor der Tür.
Wieder stirbt Jesus am Kreuze.
Das Osterfest soll den Frieden in die Welt hineinläuten.
Denn die Waffen lauern und klirren an allen Ecken und Enden.
Auch die Osterhasen gehören zum Osterfest.
Die Eltern zaubern den Kindern ihre Wünsche vor.
Manche Kinder werden vom Osterhasen reichlich bedient.
In Afrika hüpft der Osterhase nicht über die Schwelle, denn die Neger
haben ihn nicht erfunden.
Für die Menschen wird es Zeit, daß sie andere Wege planen.

Fronleichnam

Gekleidet im sonntäglichen Sonntagsputz schreiten die Gläubigen zur Kirche.
Autos sammeln sich vor der Kirchentür.
Die Kirche ist voll und keiner will fehl am Platze sein.
Auch die Vereine haben ihre Stellung einbezogen.
Fahnen flattern über die Häupter.
Die Prozession kann ihren Lauf nehmen.
Bei den Fenstern ragen Heiligenbilder und Tücher heraus.
Jeder will seinen Glauben bekennen: dem Vater, dem Sohn und dem heiligen Geist.
Auch die Mutter Gottes hat ihre Würdenträger.
Unter dem Himmel versammeln sich die Pfarrer und die Gemeindeväter.
An den Straßenrändern lassen sich die Fremden von ihren Fotoapparaten nicht abhalten.
Die Musikkapelle dröhnt einem ins Trommelfell.
Jeder bezeugt seinen Glauben aufs Neue.
Am Ende kehrt jeder zufrieden in die heimatliche Bestattung zurück.

Erntedank

Seit Menschengedenken wird geerntet.
Dort wo viel wächst, lohnt es sich auch zu feiern.
Mit verzierten Wagen zieht die Bauernschaft bis zur Kirche.
Auch der liebe Gott nimmt an den Ernteerträgen teil.
Die Bauern tragen blaue Schürzen um, daß sie dem Schmutz nicht verfallen.
Nach der besinnlichen Meßfeier wird im Festsaal gefeiert bis zur Besinnungslosigkeit.
Die Musikkapelle und die Schuhplattlergruppe blasen bis in die tiefe Nacht hinein.
Wenn die Natur weiterhin dem Ende entgegenwächst, dann schaut's für die Bauern düster aus.
Dann ist ausgefeiert für alle Ewigkeit.

Caritassonntag

Bei uns lebt man voll aus der Schlemmerpfanne.
Am Caritassonntag wird jener gedacht, bei denen die Pfanne vor Leere stöhnt.
Manche Neger nagen mit Händen und Füßen am Hungertuch.
Wir müssen unser Christentum auch einmal beleben.
Die alten Kleider sind für uns ein Laster, wir können sie jederzeit verwerfen.
Am Caritassonntag werden die Tüten der Bestimmung übergeben.
Von den afrikanischen Häuptlingen werden die Caritastüten in die Negergemeinden übersendet.
Endlich gibt's Hosen und Socken, um die Hungerbeine zu überdecken.
So läßt es sich leichter am Hungertuch zehren.
Nun haben wir Christen wieder einmal die Flagge gehißt.

Friedhof

Der Friedhof ist für jeden Menschen da.
Der Friedhof steht fest in den Händen des Todes.
Immer wieder müssen die Totengräber das Erdreich ausschöpfen.
Blumen und Kränze geben dem Grab noch die letzte Ehre.
Die Toten werden von den Angehörigen auch manchmal heimgesucht.
Dabei rollen die Tränen über die Angehörigen hinweg.
Der Tod bietet allen Menschen die gleiche Stirn.
Auch junge Menschen werden oft dem Friedhof zugeteilt.
Die Tiere kommen nicht auf den Friedhof, denn ihnen ist das
Himmelreich nicht zugeteilt.
Wer lange unter der Erde liegt, wird dem Staube verfallen.

Allerheiligen

Allerheiligen rückt näher.
Die Lebendigen gedenken der Toten.
Die Toten mahnen uns, daß das Leben nicht ewig dauert.
Mit Kerzen und Blumen wird der Tod um Allerheiligen würdig gefeiert.
Doch bevor man stirbt, muß das Leben erst gelebt werden.
Massenhaft schreiten die Menschen den Friedhöfen entgegen.
Musikkapellen blasen die traurigsten Märsche.
Auch der Soldaten wird mit feierlichen Sprüchen gedacht.
Sie sollen uns Vorbild sein für ihre sinnlosen Taten.
Wir müssen für das Leben mehr tun, sonst wird Allerheiligen zu einem
ewigen Reigen.

Allerseelenmarkt

Von überall strömen die Menschenmassen zum Seelenmarkt nach Glurns.
Groß und klein sind mit von der Partie.
Ziegen, Schweine und Kühe werden vom Preismaß überwältigt.
Die Bauern verdienen blanke Taler.
Marktstände reihen sich durch alle Straßenecken.
Die Händler lassen ihre Echos schallen.
Die Einkaufstaschen qualmen vor Fülle.
Den Kindern gehen die Augen drunter und drüber vor so viel Warenpracht.
Würste werden für Hungermäuler weichgesotten.
Die Politiker bedienen auf dem Markt ihre Stammkunden.
Fäuste werden durch die Lüfte geschwungen.
Der Alkohol hat die Mägen bereits überschwemmt.
Schwankend wird der Heimat zugestrebt.
Nachts fegt der Wind den Abfall durch die Häuserlandschaft.
Für die Straßenkehrer gibt es ein schauriges Erwachen.

»... Nur bei stockfinsterer Nacht
enthob er sich der Maske ...«

Großmutter

Die Großmutter ist jetzt alt geworden.
Ihre Füße sind noch beweglich.
Aber der Rücken hat sich bereits gebeugt.
Die Ohren der Großmutter sind nicht mehr hörbar.
Weite Wege sind für sie nicht mehr zu erreichen.
Auf dem Stuhl im Hause sucht sie eine Erholung vom Alter.
Gegen die Sonnenstrahlen ist die Großmutter empfindlich.
Augengläser schützen sie gegen das Licht der Welt.
Ihre Sehkraft wird immer schwächer.
Ihre Stimme zum Singen ist verklungen.
Nur mehr leise Worte entweichen dem Munde.
Wie lange ihre Tage gezählt sind, weiß niemand.

Schneider Pöck

Ein Schneider namens Pöck lebte in einer bekömmlichen Stadt.
Die Bürger der Stadt waren alle fröhlich und fleißig wie es sich geziemt.
In der Stadt war so viel Arbeit, wie Blumen auf den Friedhöfen.
Auch dem Schneider drückte die Arbeit auf dem Buckel, daß er schon ganz krumm war.
Der Schneider arbeitete nicht gerne und die Arbeit war für ihn nicht ein Vergnügen.
Morgens als der Wecker ihn aufrasselte, setzte er sofort eine Maske vors Gesicht, hinter der der Schneider sein Leben aufbewahrte.
Niemand sah sein richtiges Gesicht.
Die Maske machte ein unaufhörlich lächerliches Gesicht.
Alle in der Stadt glaubten, daß der Schneider vor Glück nur so schwankelte.
Doch hinter Schneiders Maske lebte seine universale Traurigkeit.
Nur bei stockfinsterer Nacht enthob er sich der Maske.
Und siehe, man sah seine blanken Backen, Ohren und seine kleinen Nasenlöcher.
In der Dunkelheit fühlte er sich heimlich wohl.
Eines Tages, als er steinalt war und sein Körper nur so wackelte, wurde er von der Erde enthoben.
Viele Leute aus der Stadt trugen ihn zum letzten Geleit.
Die Glocken ertönten und die Traurigkeit saß den Leuten in den Augen!
Der Pfarrer sprach: "Wahrlich, dieser Mann war eine wahre Fundgrube!"
Mit einem Trauermarsch wurde der Schneider Pöck unter die Erde versetzt.
So kam Pöcks Traurigkeit nie ans Licht der Erde.

Prinz Weichherz

Der Prinz Weichherz lebte allein in einem Einfamilienhaus.
Er arbeitete in der Fabrik, wo er eiserne Panzerschränke erbaute.
Schon nach einigen Tagen verdummte der Prinz bei hellichtem Tage.
Die Einöde kroch aus allen Ecken und Enden.
Auch im Dorf in dem er wohnte, wuchs die Langeweile über die Köpfe.
Der Prinz hörte immer das gleiche Geschwätz, die gleichen Berge und die blöde Feuerwehr.
Eines Tages packte er die sieben Zwetschgen und war wie vom Erdboden gleichgemacht. Sein behagliches Ziel war Afrika.
Nach 10 Tagen tauchte er in der Stadt Affenhausen im Negerkontinent auf.
In Affenhausen war es so heiß, daß ihm die Haut brannte.
Auch die Tiere waren so wild, daß dem Prinzen der Schreck im Halse stecken blieb.
Schon nach ein paar Tagen fuhr er wie der Brausewind davon.
Eines Tages kam der Prinz in Hollywood an, wo die Schauspieler sich schminkten.
In Amerika stank es so, daß es einem schlecht bei Sinnen war.
Die Abgase krochen nur so übers Land.
Mit einem Flugzeug der Aeri Flot brauste er nach Indien.
In Indien sah der Prinz nur Wüste, Sand und trockene Gräser.
Die Leute in Indien waren arm, daß sie am Boden herumkrochen, sie sahen vor Hunger die halbe Welt nicht mehr.
Er kaufte schnell ein paar Bananen und husch war er schon fort aus dem Land der tiefen Bedrücktheit.
Der Prinz machte Autostop nach Rußland. Ein Panzer nahm ihn mit bis zum Kreml.
Er sah alles nur alte, graue und finstere Männer.
Für den Prinzen war es niederschlagend, er schiffte zu den Eskimos.
Schon bevor er bei den Eskimos anlangte, klirrte ihm die Kälte in den Händen und überall.
Verdrossen und verheimatlost trat er den Rücktritt an.
In seiner tiefen Seele grauste es ihm vor der ganzen Welt.
Noch bevor ihm das Heimatlicht erleuchtete, starb er an einem gebrochenen Herzen.

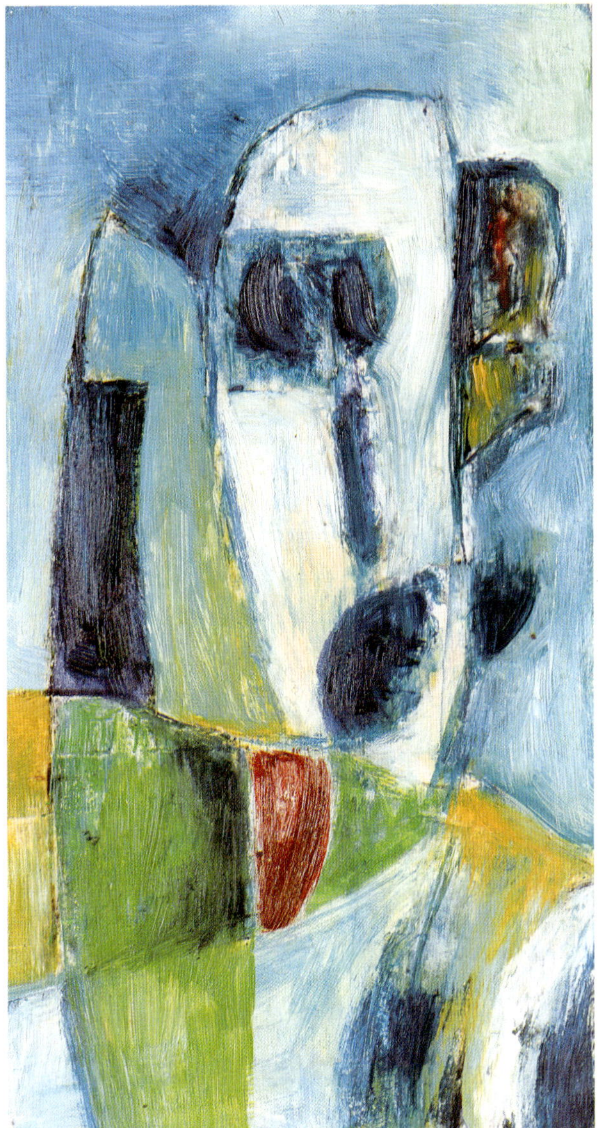

Hexe Hinkelbein

Die Weihnachtszeit rückte immer näher auf dem Pelz.
Die ersten Strahlen erglänzten im Schimmer des Weihnachtslichtes.
Auch der Hexe Hinkelbein wurde die frohe Botschaft entsendet.
Die Hexe wohnte im dunklen Wald, bei den wilden Tieren!
Schon seit Tagen schwirrten die Flocken auf den Hexenwald hernieder.
Der Schnee reichte der Hexe bis zur Kehle.
Die Hexe verspürte eines Tages den Wunsch, sich in die Weihnachtsgeschäfte zu vertiefen.
Sie bestieg den Besen und zischte wie ein Wirbelwind in die Stadt.
In der Stadt landete die Hexe auf einem Kamin.
Den Leuten zitterten die Geldtaschen, als sie die Hexe besahen.
Die Einkaufstaschen der Leute quollen über den Rand.
Die Geldtaschen wurden nur so leergefegt.
Für die Leute was das eine elegante Beschäftigung.
So mancher Laden war schon nach kurzer Zeit leer und öde.
Den Geschäftsleuten rannen die Gelder nur so in den Taschen.
An manchen Ecken erklangen süße Weihnachtsweisen.
Die Augen schwollen vor Einkaufslust über die Wangen.
In den Gasthäusern wurden Sektflaschen enthüllt und entstöpselt.
Lebkuchen und Hühnerfleisch wurde in den Wohnzimmern gespießt.
Manche Leute konnten vor lauter Eßsucht die Füße nicht mehr beheben.
Große Weihnachtsmärkte wurden abgehalten,
die Reinerlösung wurde für die Kirchenpolsterung gestiftet.
Alle Leute wollten es um Weihnachten in der Kirche gemütlich und weich haben.
Wenn man weich sitzt, betet man fröhlicher, sagten die Leute.
Von dieser ganzen Weihnachtspracht war die Hexe einfach unbewältigt.
Noch am gleichen Abend kehrte die Hexe in den Wald zu den wilden Tieren zurück.
Den wilden Tieren erzählte die Hexe vom Weihnachtsgeschäft und noch ehe die Rede versprochen war, wurden den Tieren die Augen und Ohren steif.

Ritter Dickian

Im tiefen Mittelalter lebte der Ritter Dickian in der Burg Runkelstein.
Mit ihm lebten noch zehn Ritter, die alle so dick waren, daß die Rüstungen quietschten.
Auch der kleine Oberritter Dickian war so fett wie eine Wanze.
Die Ritter in Runkelstein soffen und fraßen bis in die tiefe Geisterstunde.
Die Teller und Schüsseln waren immer voll bis über den Rand.
Manchmal fraßen die Ritter so viel, daß sie das ganze Schloß voll anspieben.
Ihre Mägen waren groß wie die Müllkübel.
Plötzlich um die Feierstunde sprang der Ritter Dickian in die Lüfte und schrie:
"Man kann das ganze Leben nicht nur fressen, wir müssen endlich eine Heldentat tun."
"Ja Meister", sprachen die Ritter im Chor, "wir müssen das Leben neu beleben."
Die Ritter beschlossen nun einen kleinen Krieg zu führen.
Neben der Burg Runkelstein wimmelte es nur so von Feinden und anderen Gattungen.
Nun beschlossen sie das fremde Vaterland zu besiegen.
Die Lanzen putzten sie so sauber, daß man sich drin spiegeln kann.
Wacker, tapfer und auserkoren, zogen die dicken Ritter zum Feindesangriff.
Aber schon beim ersten Waffengeklirr zogen ihnen die Feinde eins um die Ohren.
Wütend außer Rand und Band und bis auf dem Boden hangend, bekehrten sie sich nach Runkelstein zurück.
Zu Hause bepflasterten sie ihre Kratzer.
Die Ritter schworen, nie mehr ein Schwert zu berühren.
Von diesem Tag an, fingen sie wieder an zu saufen und zu fressen, daß es nur so schauerte.

Familie Feuerstein

Im Land der untergehenden Sonne lebte die Familie Feuerstein.
Das Haus der Familie war pico bello.
Die Familie verlebte glückliche Lebensrunden.
Sorgfalt und Glorie schallten aus dem Haus.
Kriminelles war der Familie nicht zu Teil.
Tief in den Kindern der Feuersteins herrschte die Vernunft.
Fremde Barbaren durften die Familie nicht heimsuchen, deshalb
bewachte ein Dalmatiner Hund das Hab und Gut.
Drähte und Zäune verdeckten der Familie das Haus.
Jeden Tag dankte die Familie dem lieben Gott für die Güte und Demut.
Die Feuersteins waren stolz, daß sie nicht zum Gesindel geworden sind.
Plötzlich eines Tages drehte ein Sohn einfach ab und zog über die
Wälder und Sümpfe.
Nie mehr kehrte er zur Familie Feuerstein zurück.
Noch heute rätselt die Familie über das Abdrehen des Sohnes.
Seit diesem Tag weiß die Familie nicht mehr wo vorne und hinten ist.

strammgefegt - festgeschrieben

Warum bekommt das Buch des Georg Paulmichl ein Nachwort, noch dazu eines "aus sprachwissenschaftlicher Sicht"? Sprechen diese Texte nicht für sich? Brauchen sie eine Erläuterung? Oder brauchen Sie, lieber Leser, Erläuterungen?

Das erste Nachwort, das ich zu Texten von Georg Paulmichl verfaßt habe, 1984 in der Zeitschrift "los", war tatsächlich eine Art "Gutachten", das in der Frage, ob und wie weit künstlerische Leistungen von "Behinderten" wertvoll sind, klare Stellung beziehen wollte. Es wollte den Leserinnen und Lesern auch "Selbstvertrauen" vermitteln: klarstellen, daß die Texte des Georg Paulmichl nicht nur "relativ" gut sind, sondern daß sie an sich so wertvoll sind, daß man sie einem breiteren Publikum vorstellen kann.

Daß dem so ist, steht heute hoffentlich außer Zweifel. Georg Paulmichl hat mit seinen Geschichten bereits eine gewisse Berühmtheit erlangt. Zwar ist diese Berühmtheit auf einen immer noch ziemlich kleinen Kreis beschränkt - bedingt vor allem durch die Art und Weise bisheriger Publikationen von Georg Paulmichl: zuerst eine kleine österreichische Zeitschrift, dann ein formal von der Autonomen Provinz Bozen herausgegebenes und im weitesten Sinn "alternativ" produziertes Buch, das den Weg in die Buchhandlungen kaum je fand und trotzdem restlos vergriffen ist. Doch alle, die diese Texte mögen und schätzen, tun das nicht, weil der Autor "behindert" ist, sondern weil diese Texte Qualität haben, weil sie "gut" sind.

Es muß und kann in diesem Nachwort also nicht mehr um Rechtfertigungen gehen. Ziel dieses Beitrags kann nur sein, den spezifischen Qualitäten der Texte Paulmichls nachzuspühren. Die "Erläuterungen", die ich hier gebe, sind für das vergnügliche Lesen der Texte Paulmichls absolut unnötig. Ich hoffe aber, daß dieses Nachwort helfen wird, einen noch deutlicheren Blick auf den Hintersinn in den Texten Paulmichls zu eröffnen.

Ich möchte hier drei mir besonders wichtig erscheinende Merkmale der Texte Paulmichls in den Mittelpunkt der Aufmerksamkeit rücken:

a) Georg Paulmichls Texte sind "lapidar";
b) Georg Paulmichl "schaut dem Volk aufs Maul";
c) Georg Paulmichl kombiniert recht skrupellos sprachliche Versatzsatücke, die "normalerweise" nicht kombinierbar wären. Oft glaubt man im ersten Moment, richtige "Fehler" zu entdecken.

A) Schlag auf Schlag

1. Textlänge

Eine durchaus oberflächliche Bemerkung zu Beginn: die hier vorliegenden Texte sind in jeder Hinsicht kurz. Kaum einer enthält mehr als 15 Sätze; die meisten sind kürzer. Auch die Sätze selbst sind kurz: kaum einer enthält mehr als 12 Wörter. Sogar, wenn man mit modernem Zeitungsstil vergleicht (vgl. dazu etwa Peter Braun: Tendenzen der deutschen Gegenwartssprache, 1987, S. 104ff.), muß man sagen Georg Paulmichl ist kurz angebunden.

2. Satztypen

Der bei weitem dominierende Satztyp in den Texten Georg Paulmichls ist der "einfache" Aussagesatz. Nur wenige Texte weichen von dieser Regel ab: *Bozen* z.B. beginnt mit einer Anrede an die beschriebene Stadt, *Blasmusik* setzt mit einer Frage ein, die *Vinschgauer Bahn* schließt mit einer Aufforderung an das Publikum. Aufforderungen oder Wünsche kommen zwar noch öfter vor, meist aber nur als Teile übergeordneter Satzstrukturen: *Jesus hat zu den Elektrikern gesagt:"Das ewige Licht leuchte euch."* (*ENEL 9* = 9.Satz im Text *ENEL*, spätere Zitate analog).

Diese Aussagesätze werden nur in wenigen Fällen zu komplexeren Satzgebilden erweitert - eine Stichprobe liefert: etwa ein Zehntel der Sätze wird durch Nebensätze (Attribut- oder Gliedsätze) hypotaktisch erweitert; ein noch kleinerer Teil (etwa 5%) sind Satzreihen, also Verbindungen gleichrangiger Sätze. Was die Komplexität des Satzbaus betrifft, bewegt sich Georg Paulmichl damit am "existentiellen Minimum": der Linguist Braun meint beispielsweise, daß der Anteil der Satzgefüge in der "Bild-Zeitung (dort sind es immerhin 12%) "kaum noch unterschreitbar sein dürfte" (Braun, a.a.O., S. 51). Auch unter diesem Blickwinkel wird also deutlich, wie knapp Georg Paulmichl uns, seine Leser, hält.

3. Themastrukturen

Jeder Text Georg Paulmichls hat einen Titel. Dieser Titel wird meist bereits im ersten Satz als grammatisches Subjekt aufgenommen. Auf diesem Thema wir meist nicht lange herumgeritten: schon im zweiten Satz ist das Subjekt - das gewiß nicht automatisch das Thema des Satzes sein muß - generell ein anderes als im ersten Satz. Und so geht es Schlag auf Schlag weiter. In *Bozen* sind in 12 Sätzen 11 verschiedene Subjekte zu finden, in *Männerchor* sind es in 11 Sätzen 7 Subjekte usw.usf. Trotzdem wird das Hauptthema nie verlassen. Alle diese verschiedenen Subjekte stehen zum Haupt- und Titelthema in engem inhaltlichen Zusammenhang. Einerseits kommt das Hauptthema in vielen

Sätzen als Satzglied o.ä. vor, andrerseits erlaubt das Alltagswissen des Lesers in den meisten Fällen, die gemeinten Beziehungen mitzudenken. (Über einzelne "Brüche", die ein mit Georg Paulmichls Perspektiven nicht vertrauter Leser nicht ohne weiteres "kitten" kann, werden wir noch nachzudenken haben.)

4. Ein kleiner Exkurs zur "Textsorte"...

Sollen wir überhaupt von "Geschichten" Georg Paulmichls sprechen? Wie gesagt: erzählt wird kaum (außer in den relativ wenigen "Märchen"). Auch "Beschreibung" schiene mir kein treffender Ausdruck für einen echten Paulmichl-Text: zu wenig verharrt der Autor auf Details, zu rasch wäre der Wechsel von Thema und Perspektive. Und als "Gedichte" sind die Texte offensichtlich nicht gemeint.

Nein, hier wird nicht erzählt, hier wird nicht beschrieben; hier wird ... ja, "festgestellt" müßte man es nennen; auf kleinem Raum wird ein Entwurf eines Ausschnitts der Realität "festgeschrieben".

Dazu passen auch noch andere Merkmale dieser "Entwürfe". Etwa, daß Georg Paulmichl hauptsächlich im Präsens, in der Gegenwart schreibt. Oder, daß sehr viele Passivformulierungen vorkommen - weit mehr, als in wirklichen "Geschichten" zu erwarten wären. Zwar geht es auch bei Paulmichl fallweise um Handlungen, kaum je aber um die eigentlichen Handlungsträger; ganz deutlich spürt man das in Sätzen wie *Stauden und Bäume werden der Entwurzelung unterzogen (Suldenbach 6).*

Georg Paulmichls Stärke ist nicht nur das Erzählen - das kann er auch, das beweist er in seinen Märchen. Seine Stärke ist die Beobachtung. Die Beobachtung mündet dann in einen "Entwurf", in dem ein Bild des Beobachteten entworfen wird.

B) Dem Volk aufs Maul geschaut

Einem wenig aufmerksamen Leser der Texte Georg Paulmichls wird "kein besonderes" sprachliches Inventar auffallen. Alles scheint auf den ersten Blick recht "gewöhnlich". Diese Meinung stimmt und stimmt nicht. Gewiß, abgesehen davon, daß der Autor gängige sprachliche Elemente ungewöhnlich miteinander kombiniert, ist kaum etwas zu finden, was man nicht schon einmal irgendwo gehört hat. Aber gerade diese Häufung sprachlicher Formeln, ja Klischees ist ein typisches, wichtiges Merkmal dieser Texte.

1. Sprachliche Formeln und Redewendungen

Da gibt es einmal eine Fülle von Formeln, die im Alltagsleben, im Alltagsgespräch zwar ihren Ursprung haben, die aber dazu dienen, diesen Alltag sprachlich zu färben. Georg Paulmichl übernimmt diese färbenden Floskeln: *ins Gras beißen, Farbe bekennen, aus voller Kehle singen,* (*schreien und raufen*) *wie am Spieß, eine Augenweide sein, Ämter bekleiden* u.v.m. Einige dieser Redewendungen sind sogar deutlich dem eher rauheren Umgangston entnommen: *in die Pfanne hauen* etwa usw.

Dem stehen einige Wendungen gegenüber, die nun keineswegs alltäglich sind: *Flagge hissen* z.B. oder *zur Wehr rücken* - beide am ehesten als "gehoben-militärsprachlich" zu bezeichnen. Durchaus wahrscheinlich, daß auch diese Wendungen in den Szenen, die Georg Paulmichl erlebt, beobachtet und analysiert, vorkommen oder vorgekommen sind - aber sie sind sicherlich sehr selten. Einzelne Floskeln sind vermutlich über das Fernsehen vermittelt - ganz deutlich etwa bei *BLENDAMED schützt (die Schützen) vor Karies* (im Text *Schützen* 14 - sicher nicht eine Redewendung im strengen Sinn, aber die elektronischen Medien erzeugen durch die vielfache Wiederholung des Immer-Gleichen Sätze, die eine Zeitlang in fester, unveränderlicher Form auftreten und dann wie Redewendungen eingesetzt werden können).

Die Übernahme vorgefertigten sprachlichen Materials kann bei Georg Paulmichl fallweise auch über die Satzgrenzen hinaus reichen: *Wieder steht Ostern vor der Tür./ Wieder stirbt Jesus am Kreuze.* (*Ostern* 1,2) Daß diese Passage als ganze, als Einheit übernommen worden ist, zeigt einerseits ihr formelhafter Bau, andrerseits das altertümelnde Dativ-*e* bei Kreuze, das sich in dieser Formel halten konnte. Überhaupt verwendet Georg Paulmichl öfters Formulierungen, die im modernen Deutsch sonst kaum mehr verwendet werden. Das Erklärungsmuster, daß der Autor nur fertige Formeln übernimmt, versagt damit. Ganz offensichtlich übernimmt Georg Paulmichl nicht nur Wendungen, sondern paßt sie auch an, adaptiert sie.

2. Wiederkehrende Themenbereiche und Motive

Der größte Teil der Texte Georg Paulmichls beschäftigt sich mit der alltäglichen Umwelt - gibt Entwürfe dieses Alltagslebens. Aus diesem Alltagsleben wird jeweils ein Teil herausgelöst und skizziert, sei es die *Bauernjugend*, die Landeshauptstadt *Bozen*, die *ENEL*, der *Männerchor*, das Nachbarland *Österreich* usw. Besonders Festlichkeiten innerhalb des Alltags sind natürlich einer Behandlung würdig: *Tag der Vereine* thematisiert ein Fest als solches, in *Männerchor, Bauernjugend* und anderen wird auf Feste zumindest angespielt.

Deutlich davon abgrenzen läßt sich als zweiter großer Themenbereich die Religion bzw. - fast - das Kirchenjahr. *Ostern, Fronleichnam, Allerheiligen, Caritassonntag* greifen z.B. diesen Themenbereich direkt auf, *Friedhof* etwa berührt ihn jedenfalls deutlich.

Es bleibt als dritter großer Themenbereich der Jahresablauf der Natur und damit des Bauern: *Eismänner, Erntedank, Schneefall, Winterstaub* beschäftigen sich mit diesem Thema.

Haben wir damit schon Georg Paulmichls Themen-"Revier" abgesteckt? Nein. Zuerst einmal ist festzustellen, daß eine derart strikte Trennung der Themenbereiche der Realität der Texte nicht gerecht wird. In sehr vielen Texten, die sich nicht direkt mit dem Themenbereich Religion beschäftigen, wird dieser in einzelnen Sätzen angesprochen; gerne wird am Ende des jeweiligen Texts - also in hervorgehobener, sicherlich wichtiger Funktion - auf die Person Jesus verwiesen (z.B. *ENEL, Sparkasse*) oder allgemein auf religiöse Zusammenhänge angespielt (etwa in *Gedenkjahr*, wenn es im letzten Satz heißt: *Glauben macht selig, steht in der Bibel*); oft findet der Autor den religiösen Bezug auch im Textinneren (in *Bauernjugend, Österreich, Gedenkjahr* II etc.)

Daß die Religion als Thema fast in der Lage ist, als ein die Texte verbindendes Mittel zu dienen, zeigt sicherlich den immer noch enormen Einfluß von Religion und Kirche auf das alltägliche Leben in großen Teilen Südtirols. Es ist anzunehmen, daß auch hier Georg Paulmichl "dem Volk aufs Maul geschaut" hat und wiedergibt, wovon auch "das Volk" spricht.

Aber nicht nur Religion fungiert als textverbindendes Mittel. Es gibt in den Entwürfen Georg Paulmichls auch eine starke militärisch-kämpferische Komponente, die zwar nur selten direkt zum Thema eines Texts gemacht wird, die sich aber ebenso konsequent als zweiter roter Faden durch die Texte zieht. Das beginnt bei Formulierungen wie *Gemeindearbeiter rückten zur Wehr./ Hausfrauen streiften mit dem Besen dem Schnee eins über* (*Schneefall* 7/8), reicht über: *Die Landespolitiker stehen stramm vor so viel Geist* (*Gedenkjahr* II 11), *Architekten studieren die Marschroute* (*Suldenbach* 9) und geht bis zu: *Nun haben wir Christen wieder einmal Flagge gehißt* (*Caritassonntag* 10). Besonders im zuletzt zitierten Beispiel zeigt sich auch die selbstverständliche Vereinbarkeit der Bereiche Religion und Militär/Kampf. Sie ist an dieser Stelle nicht einzig. Es ist zu vermuten, daß auch in dieser Beziehung Georg Paulmichl dem Volk aufs Maul schaut.

Fassen wir zusammen: sowohl was die Auswahl der Formulierungen als auch was die behandelten Themen betrifft, dürfte Georg Paulmichl als zuverlässiger Spiegel wirken. Das Material zu seinen "Entwürfen" saugt er sich nicht aus den Fingern, er übernimmt und adaptiert schon Vorhandenes und (Halb-)Fertiges.

C) Kombination des Unkombinierbaren

Nach meiner bisherigen Beschreibung müßten die Texte Georg Paulmichls sehr einfach sein: bekanntes sprachliches Inventar, vertraute Themen, das alles jeweils in wenigen einfachen, kurzen Sätzen. Wer die Texte kennt, weiß, daß der Schluß auf "simple" Texte nicht stimmt; das wichtigste Merkmal des Paulmichl'schen Autorenstils habe ich nämlich noch nicht behandelt: Georg Paulmichl kombiniert sprachliche Elemente, die eigentlich nicht zusammenpassen, ohne weiteres miteinander. Und er tut das sehr häufig und auf fast jeder sprachlichen Ebene. Er bildet neue, noch nie gehörte Wörter (*Schießvergnügenheit* etwa: *Jagdaufseher* 9, *Schlemmerpfanne*: *Caritassonntag* 1 usw.). Er bildet Phrasen und Sätze, die in dieser Form unbekannt sind, ja fehlerhaft scheinen: *den Lebensinhalt verdienen* (*Vinschgauer Bahn* 6), *junge Menschen werden dem Friedhof zugeteilt* (*Friedhof* 8), *die Toten werden von den Lebenden heimgesucht* (*Friedhof* 5), *der Soldaten wird mit feierlichen Sprüchen gedacht* (*Allerheiligen* 8) und andere mehr. Georg Paulmichl setzt auch ganze Textteile so zusammen, wie man es normalerweise nicht tun würde: nach einer *besinnlichen Meßfeier* wird *gefeiert bis zur Besinnungslosigkeit* (*Erntedank* 6). Auch mit Redewendungen, die er verwendet, geht der Autor recht eigenwillig um: er nimmt sie wörtlich (*Kühe beißen in die Gräser - Herbst* 2) und kombiniert sie zu neuen Einheiten (*mit Händen und Füßen am Hungertuch nagen - Caritassonntag* 9).

Am produktivsten ist Georg Paulmichl dabei sicherlich auf der Ebene des Satzes. So viele "Verstöße" gegen das Prinzip, das Sprachwissenschaftler "semantische Valenz" nennen - es wäre geradezu ein Fressen für einen pingeligen Deutschlehrer.

Sollen wir derartige Formulierungen als Fehler werten oder als geniale Einfälle? Im Einzelfall wäre das sicher schwierig. Aber wir haben es hier ja mit einer ganzen Masse solcher Einfälle zu tun! Wenn es freilich gelingt, ein dieser Masse sprachlicher Normabweichungen zugrundeliegendes produktives System zu erkennen, dann müssen wir den Schluß ziehen, daß wir es hier nicht mit Unfähigkeit, sondern mit (einer Form von) Meisterschaft zu tun haben. Und dann spielt keine Rolle, wie bewußt und intentional der Autor diesem System folgt.

Ich behaupte, daß ein derartiges System erkennbar ist. Man könnte es "Verdichtung" nennen. Zwei oder mehrere sprachliche Formeln einander ergänzenden oder z.T. widersprechenden Inhalts werden dabei zu einer Formulierung - einem Wort, einem Satz, einer Textpassage - "verdichtet". So ist *den Lebensinhalt verdienen* als Verdichtung von *den Lebensunterhalt verdienen* und *Lebensinhalt sein* erkennbar. *Mit Händen und Füßen am Hungertuch nagen* kombiniert die Redewendungen *etwas mit Händen und Füßen tun/sagen* (d.h. angestrengt, mit allen Mitteln) mit *am Hungertuch nagen* (d.h. andauernd, fortwährend hungern). Daß *die Toten von den Lebenden heimgesucht werden*, zeigt einerseits den Besuch auf dem Friedhof als Totengedenken, andrerseits auch die "Heimsuchung", den Besuch als Unheil, als lästige Verpflichtung.

Ich behaupte nicht, daß sich der Autor immer völlig bewußt ist, welchen Hintersinn er in seinen Entwürfen erzeugt. Aber er macht das so konsequent, daß ich bei Georg Paulmichl jedenfalls auf ein tiefes Gefühl für Sprache in all ihren Facetten schließe. Daß er das von ihm verwendete Material so und nicht anders adaptiert, abändert, zurechtrichtet, muß nicht unbedingt kühle, rationale Intention zur Ursache haben - aber es zeigt ein Verständnis für Sprache, wie man es selten findet. Georg Paulmichl ist ein "Verdichter der Sprache", ein "Dichter" eben.

D) Der Dichter Paulmichl

Es herrscht oft die Meinung vor, daß ein Dichter ein Glückspilz ist, der aufgrund eines einmaligen Talents ab und zu "von der Muse geküßt" wird und dann einen Text schreibt, in Trance fast. Das Unbewußte bricht aus dem Dichter hervor und wird nur durch die Gewalt eines enormen Sprachgefühls halbwegs gebändigt. Diese Vorstellung vom Dichter ist eine naive. Der berühmte Erich Kästner hat diese Vorstellung mit "Diarrhöe des Gefühls" - also "Gefühlsdurchfall" - bezeichnet und gemeint, daß nur sehr dubiose Dichter daran glauben. Ich kann mir auch nicht vorstellen, wie Georg Paulmichl in dichterischer Trance seinem "Sekretär" Dietmar Raffeiner sein Unbewußtes in die Maschine diktiert.

Dichten läßt sich auffassen als Arbeit. Diese Arbeit besteht aus mehreren Arbeitsgängen. Das eigentliche Schreiben eines Gedichtes, einer Geschichte, eines Textes ist zwar der zentrale, sichtbarste Arbeitsgang, aber nicht der einzige. Vor dem Schreiben kommt nämlich das Beobachten und Hinhören, nach dem Schreiben kommt das sogenannte "Feilen". Manche Autoren feilen über Jahre an einem kleinen Gedicht, bis alles paßt. Georg Paulmichl ist nun sicher nicht der Dichter, der zu lange an einem Text herumfeilt. Insofern sind die Texte in ihrer schriftlichen Form nicht immer das, was man "geschliffen" nennen wird. Gewiß ist der Sekretär Raffeiner manchmal versucht, dem Dichter Paulmichl eine dichterische "Feile" in die Hand zu drücken.

Aber ein Paulmichl-Text besteht nicht nur aus schriftlicher Form. Er gehört gelesen, am besten vorgelesen. Wenn Georg Paulmichl selbst aus seinen Geschichten liest, sind sie nie gleich, sie verändern sich, sie sind wie lebende Objekte. Und ein verständiger Leser sollte entsprechend mit ihnen umgehen. Machen Sie sich die Geschichten des Georg Paulmichl zu eigen, feilen Sie sich die Texte in Gedanken selbst zurecht. Lesen Sie die Texte vor, wenn nicht jemand anderem, dann wenigstens sich selbst.

Der erste der dichterischen Arbeitsgänge, der Beginn des Dichtens, ist - wie gesagt - aber das Beobachten und Hinhören. Dichtung ist immer eine Reaktion auf eine Welt, eine Umwelt. Und in diesem Arbeitsgang liegt die Stärke des Dichters Paulmichl. Der Leser wird sehen, daß sich eine ganze Welt - keine kleine, eine ziemlich weitläufige - in diesen Texten spiegelt. Georg Paulmichl muß ein sehr genauer Beobachter sein, er hat ein äußerst feines Gehör für die Redensarten "der Leute", einen sicheren Blick für Dinge, die zusammengehören - auch, wenn man es nicht zugibt - und er nimmt sich kein Blatt vor den Mund. Und das wichtigste: er hat Witz in beiden Bedeutungen des Wortes: Witz als elementares Verständnis für einen Sachverhalt - wie in *Mutterwitz* - und Witz im heute eher gebräuchlichen Sinn.

Sigmund Freud beschreibt in seiner Schrift *Der Witz und seine Beziehung zum Unbewußten* die "Verdichtung" als elementare Technik des Witzes (in der zweiten Bedeutung) und sieht den Witz sogar als einen möglichen Zugang zum Unbewußten. Er erklärt in dieser Schrift damit auch den Humor Georg Paulmichls und seine Methode, Einsichten zu vermitteln.

(leicht redigierte und aktualisierte Fassung des Nachworts zu Georg Paulmichls Buch *strammgefegt* aus 1987 von Michael Bürkle)